Schöningh
westermann

EinFach Deutsch

E. T. A. Hoffmann

Der Sandmann

Erzählung

Erarbeitet und mit Anmerkungen
und Materialien versehen von
Timotheus Schwake

Herausgegeben von
Johannes Diekhans

Der Text dieser Ausgabe folgt im Wortlaut dem Erstdruck:
Nachtstücke, herausgegeben von dem Verfasser der Phantasiestücke in Callots Manier. Erster Theil. Berlin 1817

westermann GRUPPE

www.schoeningh-schulbuch.de
Schöningh Verlag, Jühenplatz 1–3, 33098 Paderborn

Druck A^{20} / Jahr 2017
Alle Drucke der Serie A sind im Unterricht parallel verwendbar.

Umschlaggestaltung: Jennifer Kirchhof
Druck und Bindung: westermann druck GmbH, Braunschweig

ISBN 978-3-14-**022356**-0

E.T.A. Hoffmann: Der Sandmann

Der Sandmann

Nathanael an Lothar

Gewiss seid ihr alle voll Unruhe, dass ich so lange – lange nicht geschrieben. Mutter zürnt wohl, und Clara mag glauben, ich lebe hier in Saus und Braus und vergesse mein holdes Engelsbild, so tief mir in Herz und Sinn eingeprägt, ganz und gar. – Dem ist aber nicht so; täglich und stündlich gedenke ich eurer aller und in süßen Träumen geht meines holden Clärchens freundliche Gestalt vorüber und lächelt mich mit ihren hellen Augen so anmutig an, wie sie wohl pflegte, wenn ich zu euch hineintrat. – Ach wie vermochte ich denn euch zu schreiben, in der zerrissenen Stimmung des Geistes, die mir bisher alle Gedanken verstörte! – Etwas Entsetzliches ist in mein Leben getreten! – Dunkle Ahnungen eines grässlichen mir drohenden Geschicks breiten sich wie schwarze Wolkenschatten über mich aus, undurchdringlich jedem freundlichen Sonnenstrahl. – Nun soll ich dir sagen, was mir widerfuhr. Ich muss es, das sehe ich ein, aber nur es denkend, lacht es wie toll aus mir heraus. – Ach mein herzlieber Lothar! Wie fange ich es denn an, dich nur einigermaßen empfinden zu lassen, dass das, was mir vor einigen Tagen geschah, denn wirklich mein Leben so feindlich zerstören konnte! Wärst du nur hier, so könntest du selbst schauen; aber jetzt hältst du mich gewiss für einen aberwitzigen Geisterseher. – Kurz und gut, das Entsetzliche, was mir geschah, dessen tödlichen Eindruck zu vermeiden ich mich vergebens bemühe, besteht in nichts anderm, als dass vor einigen Tagen, nämlich am 30. Oktober mittags um 12 Uhr, ein Wetterglashändler[1] in meine Stube trat und mir seine Ware anbot. Ich kaufte nichts und drohte, ihn die Treppe herabzuwerfen, worauf er aber von selbst fortging. –

1 Wetterglas: unzuverlässiges, dem heutigen Barometer ähnliches Instrument zur vermeintlichen Vorhersage des Wetters

Du ahnest, dass nur ganz eigne, tief in mein Leben eingreifende Beziehungen diesem Vorfall Bedeutung geben können, ja, dass wohl die Person jenes unglückseligen Krämers gar feindlich auf mich wirken muss. So ist es in der Tat. Mit aller Kraft fasse ich mich zusammen, um ruhig und geduldig dir aus meiner frühern Jugendzeit so viel zu erzählen, dass deinem regen Sinn alles klar und deutlich in leuchtenden Bildern aufgehen wird. Indem ich anfangen will, höre ich dich lachen und Clara sagen: Das sind ja rechte Kindereien! – Lacht, ich bitte euch, lacht mich recht herzlich aus! – Ich bitt euch sehr! – Aber Gott im Himmel! Die Haare sträuben sich mir und es ist, als flehe ich euch an, mich auszulachen, in wahnsinniger Verzweiflung, wie Franz Moor den Daniel[1]. – Nun fort zur Sache! –

Außer dem Mittagsessen sahen wir, ich und mein Geschwister, Tag über den Vater wenig. Er mochte mit seinem Dienst viel beschäftigt sein. Nach dem Abendessen, das alter Sitte gemäß schon um sieben Uhr aufgetragen wurde, gingen wir alle, die Mutter mit uns, in des Vaters Arbeitszimmer und setzten uns um einen runden Tisch. Der Vater rauchte Tabak und trank ein großes Glas Bier dazu. Oft erzählte er uns viele wunderbare Geschichten und geriet darüber so in Eifer, dass ihm die Pfeife immer ausging, die ich, ihm brennend Papier hinhaltend, wieder anzünden musste, welches mir denn ein Hauptspaß war. Oft gab er uns aber Bilderbücher in die Hände, saß stumm und starr in seinem Lehnstuhl und blies starke Dampfwolken von sich, dass wir alle wie im Nebel schwammen. An solchen Abenden war die Mutter sehr traurig und kaum schlug die Uhr neun, so sprach sie: „Nun Kinder! – Zu Bette! Zu Bette! Der Sandmann kommt, ich merk es schon.“ Wirklich hörte ich dann jedes Mal etwas schweren, langsamen Tritts die Treppe heraufpoltern; das musste der Sandmann sein. Einmal

[1] Hoffmann zitiert hier Schillers Drama „Die Räuber“. Dessen Held Franz Moor leidet unter schuldbeladenen Alpträumen. Um diesen schrecklichen Träumen ein Ende zu bereiten, bittet Schillers Held seinen Diener Daniel, ihn „derb“ auszulachen. Das Lachen soll die bedrückenden Träume verscheuchen.

war mir jenes dumpfe Treten und Poltern besonders graulich; ich frug die Mutter, indem sie uns fortführte: „Ei Mama! Wer ist denn der böse Sandmann, der uns immer von Papa forttreibt? – Wie sieht er denn aus?" „Es gibt keinen Sandmann, mein liebes Kind", erwiderte die Mutter; „wenn ich sage, der Sandmann kommt, so will das nur heißen, ihr seid schläfrig und könnt die Augen nicht offen behalten, als hätte man euch Sand hineingestreut." – Der Mutter Antwort befriedigte mich nicht, ja in meinem kindischen Gemüt entfaltete sich deutlich der Gedanke, dass die Mutter den Sandmann nur verleugne, damit wir uns vor ihm nicht fürchten sollten, ich hörte ihn ja immer die Treppe heraufkommen. Voll Neugierde, Näheres von diesem Sandmann und seiner Beziehung auf uns Kinder zu erfahren, frug ich endlich die alte Frau, die meine jüngste Schwester wartete[1], was denn das für ein Mann sei, der Sandmann? „Ei Thanelchen", erwiderte diese, „weißt du das noch nicht? Das ist ein böser Mann, der kommt zu den Kindern, wenn sie nicht zu Bett gehen wollen, und wirft ihnen Händevoll Sand in die Augen, dass sie blutig zum Kopf herausspringen, die wirft er dann in den Sack und trägt sie in den Halbmond zur Atzung[2] für seine Kinderchen; die sitzen dort im Nest und haben krumme Schnäbel, wie die Eulen, damit picken sie der unartigen Menschenkindlein Augen auf." – Grässlich malte sich nun im Innern mir das Bild des grausamen Sandmanns aus; sowie es abends die Treppe heraufpolterte, zitterte ich vor Angst und Entsetzen. Nichts als den unter Tränen hergestotterten Ruf: der Sandmann! der Sandmann! konnte die Mutter aus mir herausbringen. Ich lief darauf in das Schlafzimmer, und wohl die ganze Nacht über quälte mich die fürchterliche Erscheinung des Sandmanns. – Schon alt genug war ich geworden, um einzusehen, dass das mit dem Sandmann und seinem Kindernest im Halbmonde, so wie es mir die Wartefrau erzählt hatte, wohl nicht ganz seine Richtigkeit haben könne; indessen

---

1 sich kümmern um, versorgen
2 Raubvogelfütterung

blieb mir der Sandmann ein fürchterliches Gespenst, und Grauen – Entsetzen ergriff mich, wenn ich ihn nicht allein die Treppe heraufkommen, sondern auch meines Vaters Stubentür heftig aufreißen und hineintreten hörte. Manchmal blieb er lange weg, dann kam er öfter hintereinander. Jahrelang dauerte das, und nicht gewöhnen konnte ich mich an den unheimlichen Spuk, nicht bleicher wurde in mir das Bild des grausigen Sandmanns. Sein Umgang mit dem Vater fing an, meine Fantasie immer mehr und mehr zu beschäftigen: Den Vater darum zu befragen hielt mich eine unüberwindliche Scheu zurück, aber selbst – selbst das Geheimnis zu erforschen, den fabelhaften Sandmann zu sehen, dazu keimte mit den Jahren immer mehr die Lust in mir empor. Der Sandmann hatte mich auf die Bahn des Wunderbaren, Abenteuerlichen gebracht, das so schon leicht im kindlichen Gemüt sich einnistet. Nichts war mir lieber, als schauerliche Geschichten von Kobolten, Hexen, Däumlingen usw. zu hören oder zu lesen; aber obenan stand immer der Sandmann, den ich in den seltsamsten, abscheulichsten Gestalten überall auf Tische, Schränke und Wände mit Kreide, Kohle hinzeichnete. Als ich zehn Jahre alt geworden, wies mich die Mutter aus der Kinderstube in ein Kämmerchen, das auf dem Korridor unfern von meines Vaters Zimmer lag. Noch immer mussten wir uns, wenn auf den Schlag neun Uhr sich jener Unbekannte im Hause hören ließ, schnell entfernen. In meinem Kämmerchen vernahm ich, wie er bei meinem Vater hineintrat, und bald darauf war es mir dann, als verbreite sich im Hause ein feiner seltsam riechender Dampf. Immer höher mit der Neugierde wuchs der Mut, auf irgendeine Weise des Sandmanns Bekanntschaft zu machen. Oft schlich ich schnell aus dem Kämmerchen auf den Korridor, wenn die Mutter vorübergegangen, aber nichts konnte ich erlauschen, denn immer war der Sandmann schon zur Türe hinein, wenn ich den Platz erreicht hatte, wo er mir sichtbar werden musste. Endlich von unwiderstehlichem Drange getrieben, beschloss ich, im Zimmer des Vaters selbst mich zu verbergen und den Sandmann zu erwarten.

An des Vaters Schweigen, an der Mutter Traurigkeit merkte ich eines Abends, dass der Sandmann kommen werde; ich schützte daher große Müdigkeit vor, verließ schon vor neun Uhr das Zimmer und verbarg mich dicht neben der Türe in einem Schlupfwinkel. Die Haustür knarrte, durch den Flur ging es, langsamen, schweren, dröhnenden Schrittes nach der Treppe. Die Mutter eilte mit dem Geschwister mir vorüber. Leise – leise öffnete ich des Vaters Stubentür. Er saß, wie gewöhnlich, stumm und starr den Rücken der Türe zugekehrt, er bemerkte mich nicht, schnell war ich hinein und hinter der Gardine, die einem gleich neben der Türe stehenden offenen Schrank, worin meines Vaters Kleider hingen, vorgezogen war. – Näher – immer näher dröhnten die Tritte – es hustete und scharrte und brummte seltsam draußen. Das Herz bebte mir vor Angst und Erwartung. – Dicht, dicht vor der Türe ein scharfer Tritt – ein heftiger Schlag auf die Klinke, die Tür springt rasselnd auf! – Mit Gewalt mich ermannend gucke ich behutsam hervor. Der Sandmann steht mitten in der Stube vor meinem Vater, der helle Schein der Lichter brennt ihm ins Gesicht! – Der Sandmann, der fürchterliche Sandmann ist der alte Advokat[1] Coppelius[2], der manchmal bei uns zu Mittage isst! –

Aber die grässlichste Gestalt hätte mir nicht tieferes Entsetzen erregen können als eben dieser Coppelius. – Denke dir einen großen, breitschultrigen Mann mit einem unförmlich dicken Kopf, erdgelbem Gesicht, buschigten grauen Augenbrauen, unter denen ein paar grünliche Katzenaugen stechend hervorfunkeln, großer, starker über die Oberlippe gezogener Nase. Das schiefe Maul verzieht sich oft zum hämischen Lachen; dann werden auf den Backen ein paar dunkelrote Flecke sichtbar und ein seltsam zischender Ton fährt durch die zusammengekniffenen Zähne. Coppelius erschien immer

1 Rechtsanwalt

2 Lateinische Form des italienischen *coppola*. Die italienische Wurzel *cop-*, auch *coppo*, bedeutet „Becher“, „Schale“, im weiteren Sinn auch „Augenhöhle“.

in einem altmodisch zugeschnittenen aschgrauen Rocke, ebensolcher Weste und gleichen Beinkleidern, aber dazu schwarze Strümpfe und Schuhe mit kleinen Steinschnallen. Die kleine Perücke reichte kaum bis über den Kopfwirbel heraus, die Kleblocken[1] standen hoch über den großen roten Ohren und ein breiter verschlossener Haarbeutel[2] starrte von dem Nacken weg, sodass man die silberne Schnalle sah, die die gefältelte Halsbinde[3] schloss. Die ganze Figur war überhaupt widrig und abstoßend; aber vor allem waren uns Kindern seine großen knotigten, haarigten Fäuste zuwider, sodass wir, was er damit berührte, nicht mehr mochten. Das hatte er bemerkt, und nun war es seine Freude, irgendein Stückchen Kuchen oder eine süße Frucht, die uns die gute Mutter heimlich auf den Teller gelegt, unter diesem oder jenem Vorwande zu berühren, dass wir, helle Tränen in den Augen, die Näscherei, der wir uns erfreuen sollten, nicht mehr genießen mochten vor Ekel und Abscheu. Ebenso machte er es, wenn uns an Feiertagen der Vater ein klein Gläschen süßen Weins eingeschenkt hatte. Dann fuhr er schnell mit der Faust darüber oder brachte wohl gar das Glas an die blauen Lippen und lachte recht teuflisch, wenn wir unsern Ärger nur leise schluchzend äußern durften. Er pflegte uns nur immer die kleinen Bestien zu nennen; wir durften, war er zugegen, keinen Laut von uns geben und verwünschten den hässlichen, feindlichen Mann, der uns recht mit Bedacht und Absicht auch die kleinste Freude verdarb. Die Mutter schien ebenso wie wir den widerwärtigen Coppelius zu hassen; denn sowie er sich zeigte, war ihr Frohsinn, ihr heiteres unbefangenes Wesen umgewandelt in traurigen, düstern Ernst. Der Vater betrug sich gegen ihn, als sei er ein höheres Wesen, dessen Unarten man

1 seitlich an die Perücke angeklebte Haarrollen

2 Da die Mode der Zeit für Männer das Tragen langer, gepuderter Haare vorschrieb, war es üblich, diese in einen (Seiden-)Beutel einzubinden, um die restliche Kleidung nicht zu verschmutzen.

3 um den Hals gefaltete Leinenbinde; Vorläufer der heutigen Krawatte

dulden und das man auf jede Weise bei guter Laune erhalten müsse. Er durfte nur leise andeuten und Lieblingsgerichte wurden gekocht und seltene Weine kredenzt[1].
Als ich nun diesen Coppelius sah, ging es grausig und entsetzlich in meiner Seele auf, dass ja niemand anders als er der Sandmann sein könne, aber der Sandmann war mir nicht mehr jener Popanz[2] aus dem Ammenmärchen, der dem Eulennest im Halbmonde Kinderaugen zur Atzung holt – nein! – ein hässlicher gespenstiger Unhold, der überall, wo er einschreitet, Jammer – Not – zeitliches, ewiges Verderben bringt.
Ich war festgezaubert. Auf die Gefahr, entdeckt und, wie ich deutlich dachte, hart gestraft zu werden, blieb ich stehen, den Kopf lauschend durch die Gardine hervorgestreckt. Mein Vater empfing den Coppelius feierlich. „Auf! – zum Werk“, rief dieser mit heiserer, schnarrender Stimme und warf den Rock ab. Der Vater zog still und finster seinen Schlafrock aus und beide kleideten sich in lange schwarze Kittel. Wo sie *die* hernahmen, hatte ich übersehen. Der Vater öffnete die Flügeltür eines Wandschranks; aber ich sah, dass das, was ich so lange dafür gehalten, kein Wandschrank, sondern vielmehr eine schwarze Höhlung war, in der ein kleiner Herd stand. Coppelius trat hinzu und eine blaue Flamme knisterte auf dem Herde empor. Allerlei seltsames Geräte stand umher. Ach Gott! – wie sich nun mein alter Vater zum Feuer herabbückte, da sah er ganz anders aus. Ein grässlicher krampfhafter Schmerz schien seine sanften ehrlichen Züge zum hässlichen, widerwärtigen Teufelsbilde verzogen zu haben. Er sah dem Coppelius ähnlich. Dieser schwang die glutrote Zange und holte damit hell blinkende Massen aus dem dicken Qualm, die er dann emsig hämmerte. Mir war es, als würden Menschengesichter ringsumher sichtbar, aber ohne Augen – scheußliche, tiefe schwarze Höhlen statt ihrer. „Augen her, Augen her!“, rief Coppelius mit dumpfer dröhnender

1 feierlich anbieten, darreichen
2 Schreckgestalt, mit der die sog. „Schwarze Pädagogik“ unartige Kinder einschüchtern, belehren und bestrafen wollte

Stimme. Ich kreischte auf, von wildem Entsetzen gewaltig erfasst, und stürzte aus meinem Versteck heraus auf den Boden. Da ergriff mich Coppelius, „kleine Bestie! – kleine Bestie!“, meckerte er zähnefletschend! – riss mich auf und warf mich auf den Herd, dass die Flamme mein Haar zu sengen begann: „Nun haben wir Augen – Augen – ein schön Paar Kinderaugen.“ So flüsterte Coppelius und griff mit den Fäusten glutrote Körner aus der Flamme, die er mir in die Augen streuen wollte. Da hob mein Vater flehend die Hände empor und rief: „Meister! Meister! Lass meinem Nathanael die Augen – lass sie ihm!“ Coppelius lachte gellend auf und rief: „Mag denn der Junge die Augen behalten und sein Pensum flennen in der Welt; aber nun wollen wir doch den Mechanismus der Hände und der Füße recht observieren[1].“ Und damit fasste er mich gewaltig, dass die Gelenke knackten, und schrob[2] mir die Hände ab und die Füße und setzte sie bald hier, bald dort wieder ein. „'s steht doch überall nicht recht! 's gut so wie es war! – Der Alte hat's verstanden!“ So zischte und lispelte Coppelius; aber alles um mich her wurde schwarz und finster, ein jäher Krampf durchzuckte Nerv und Gebein – ich fühlte nichts mehr. Ein sanfter warmer Hauch glitt über mein Gesicht, ich erwachte wie aus dem Todesschlaf, die Mutter hatte sich über mich gebeugt. „Ist der Sandmann noch da?“, stammelte ich. „Nein, mein liebes Kind, der ist lange, lange fort, der tut dir keinen Schaden!“ – So sprach die Mutter und küsste und herzte den wiedergewonnenen Liebling. –

Was soll ich dich ermüden, mein herzlieber Lothar! Was soll ich so weitläuftig Einzelnes hererzählen, da noch so vieles zu sagen übrig bleibt? Genug! – Ich war bei der Lauscherei entdeckt und von Coppelius gemisshandelt worden. Angst und Schrecken hatten mir ein hitziges Fieber zugezogen, an dem ich mehrere Wochen krank lag. „Ist der Sandmann noch da?“ – Das war mein erstes gesundes Wort und das Zeichen meiner Genesung, mei-

---

1 genau beobachten

2 sprachlich veraltete Form von „schraubte“

ner Rettung. – Nur noch den schrecklichsten Moment meiner Jugendjahre darf ich dir erzählen; dann wirst du überzeugt sein, dass es nicht meiner Augen Blödigkeit ist, wenn mir nun alles farblos erscheint, sondern, dass ein dunkles Verhängnis wirklich einen trüben Wolkenschleier über mein Leben gehängt hat, den ich vielleicht nur sterbend zerreiße. –

Coppelius ließ sich nicht mehr sehen, es hieß, er habe die Stadt verlassen.

Ein Jahr mochte vergangen sein, als wir der alten unveränderten Sitte gemäß abends an dem runden Tische saßen. Der Vater war sehr heiter und erzählte viel Ergötzliches von den Reisen, die er in seiner Jugend gemacht. Da hörten wir, als es neune schlug, plötzlich die Haustür in den Angeln knarren und langsame eisenschwere Schritte dröhnten durch den Hausflur die Treppe herauf. „Das ist Coppelius", sagte meine Mutter erblassend. „Ja! – Es ist Coppelius", wiederholte der Vater mit matter gebrochener Stimme. Die Tränen stürzten der Mutter aus den Augen. „Aber Vater, Vater!", rief sie, „muss es denn so sein?" „Zum letzten Male!", erwiderte dieser, „zum letzten Male kommt er zu mir, ich verspreche es dir. Geh nur, geh mit den Kindern! – Geht – geht zu Bette! Gute Nacht!"

Mir war es, als sei ich in schweren kalten Stein eingepresst – mein Atem stockte! – Die Mutter ergriff mich beim Arm, als ich unbeweglich stehen blieb. „Komm, Nathanael, komme nur!" Ich ließ mich fortführen, ich trat in meine Kammer. „Sei ruhig, sei ruhig, lege dich ins Bette! – schlafe – schlafe", rief mir die Mutter nach; aber von unbeschreiblicher innerer Angst und Unruhe gequält konnte ich kein Auge zutun. Der verhasste abscheuliche Coppelius stand vor mir mit funkelnden Augen und lachte mich hämisch an, vergebens trachtete ich sein Bild loszuwerden. Es mochte schon wohl Mitternacht sein, als ein entsetzlicher Schlag geschah, wie wenn ein Geschütz losgefeuert würde. Das ganze Haus erdröhnte, es rasselte und rauschte bei meiner Türe vorbei, die Haus türe wurde klirrend zugeworfen. „Das ist Coppelius", rief ich entsetzt und sprang aus dem Bette. Da kreischte es auf in schneidendem trostlosen Jammer, fort stürzte ich nach des Vaters Zimmer, die Tür stand offen, erstickender Dampf quoll mir entgegen, das Dienstmädchen schrie: „Ach, der Herr! – der Herr!" – Vor dem dampfenden Herde auf dem Boden lag mein Vater tot mit schwarz verbranntem grässlich verzerrtem Gesicht, um ihn herum heulten und winselten die Schwestern – die Mutter ohnmächtig daneben! – „Coppelius, verruchter Satan, du hast den Vater erschlagen!" – So schrie ich auf; mir vergingen die Sinne. Als man zwei Tage darauf meinen Vater in den Sarg legte, waren seine Gesichtszüge wieder mild und sanft geworden, wie sie im Leben waren. Tröstend ging es in meiner Seele auf, dass sein Bund mit dem teuflischen Coppelius ihn nicht ins ewige Verderben gestürzt haben könne. –

Die Explosion hatte die Nachbarn geweckt, der Vorfall wurde ruchbar und kam vor die Obrigkeit, welche den Coppelius zur Verantwortung vorfordern wollte. Der war aber spurlos vom Orte verschwunden.

Wenn ich dir nun sage, mein herzlieber Freund! dass jener Wetterglashändler eben der verruchte Coppelius war, so wirst du mir es nicht verargen, dass ich die feindliche Erscheinung als schweres Unheil bringend deute. Er war anders gekleidet, aber Coppelius' Figur und Gesichtszüge sind zu tief in mein Innerstes eingeprägt, als dass hier ein Irrtum möglich sein sollte. Zudem hat Coppelius nicht einmal seinen Namen geändert. Er gibt sich hier, wie ich höre, für einen piemontesischen Mechanicus[1] aus und nennt sich Giuseppe Coppola.

Ich bin entschlossen, es mit ihm aufzunehmen und des Vaters Tod zu rächen, mag es denn nun gehen, wie es will. Der Mutter erzähle nichts von dem Erscheinen des grässlichen Unholds. – Grüße meine liebe holde Clara, ich schreibe ihr in ruhigerer Gemütsstimmung. Lebe wohl etc. etc.

1 auf physikalische Geräte spezialisierter Handwerker aus der norditalienischen Provinz Piemont

Clara an Nathanael

Wahr ist es, dass du recht lange mir nicht geschrieben hast, aber dennoch glaube ich, dass du mich in Sinn und Gedanken trägst. Denn meiner gedachtest du wohl recht lebhaft, als du deinen letzten Brief an Bruder Lothar absenden wolltest und die Aufschrift, statt an ihn, an mich richtetest. Freudig erbrach ich den Brief und wurde den Irrtum erst bei den Worten inne: Ach mein herzlieber Lothar! – Nun hätte ich nicht weiterlesen, sondern den Brief dem Bruder geben sollen. Aber, hast du mir auch sonst in kindischer Neckerei vorgeworfen, ich hätte solch ruhiges, weiblich besonnenes Gemüt, dass ich wie jene Frau, drohe das Haus den Einsturz, noch vor schneller Flucht ganz geschwinde einen falschen Kniff in der Fenstergardine glatt streichen würde, so darf ich doch wohl kaum versichern, dass deines Briefes Anfang mich tief erschütterte. Ich konnte kaum atmen, es flimmerte mir vor den Augen. – Ach, mein herzgeliebter Nathanael! Was konnte so Entsetzliches in dein Leben getreten sein! Trennung von dir, dich niemals wiedersehen, der Gedanke durchfuhr meine Brust wie ein glühender Dolchstich. – Ich las und las! – Deine Schilderung des widerwärtigen Coppelius ist grässlich. Erst jetzt vernahm ich, wie dein guter alter Vater solch entsetzlichen, gewaltsamen Todes starb. Bruder Lothar, dem ich sein Eigentum zustellte, suchte mich zu beruhigen, aber es gelang ihm schlecht. Der fatale Wetterglashändler Giuseppe Coppola verfolgte mich auf Schritt und Tritt und beinahe schäme ich mich, es zu gestehen, dass er selbst meinen gesunden, sonst so ruhigen Schlaf in allerlei wunderlichen Traumgebilden zerstören konnte. Doch bald, schon den andern Tag, hatte sich alles anders in mir gestaltet. Sei mir nur nicht böse, mein Inniggeliebter, wenn Lothar dir etwa sagen möchte, dass ich trotz deiner seltsamen Ahnung, Coppelius werde dir etwas Böses antun, ganz heitern unbefangenen Sinnes bin, wie immer.

Gerade heraus will ich es dir nur gestehen, dass, wie ich meine, alles Entsetzliche und Schreckliche, wovon du sprichst, nur in deinem Innern vorging, die wahre wirkliche Außenwelt aber daran wohl wenig teilhatte. Widerwärtig genug mag der alte Coppelius gewesen sein, aber dass er Kinder hasste, das brachte in euch Kindern wahren Abscheu gegen ihn hervor.

Natürlich verknüpfte sich nun in deinem kindischen Gemüt der schreckliche Sandmann aus dem Ammenmärchen mit dem alten Coppelius, der dir, glaubtest du auch nicht an den Sandmann, ein gespenstischer, Kindern vorzüglich gefährlicher Unhold blieb. Das unheimliche Treiben mit deinem Vater zur Nachtzeit war wohl nichts anders, als dass beide insgeheim alchimistische Versuche[1] machten, womit die Mutter nicht zufrieden sein konnte, da gewiss viel Geld unnütz verschleudert und obendrein, wie es immer mit solchen Laboranten[2] der Fall sein soll, des Vaters Gemüt ganz von dem trügerischen Drange nach hoher Weisheit erfüllt, der Familie abwendig gemacht wurde. Der Vater hat wohl gewiss durch eigne Unvorsichtigkeit seinen Tod herbeigeführt, und Coppelius ist nicht schuld daran: Glaubst du, dass ich den erfahrnen Nachbar Apotheker gestern frug, ob wohl bei chemischen Versuchen eine solche augenblicklich tötende Explosion möglich sei? Der sagte: „Ei allerdings" und beschrieb mir nach seiner Art gar weitläufig und umständlich, wie das zugehen könnte, und nannte dabei so viel sonderbar klingende Namen, die ich gar nicht zu behalten vermochte. – Nun wirst du wohl unwillig werden über deine Clara, du wirst sagen: In dies kalte Gemüt dringt kein Strahl des Geheimnisvollen, das den Menschen oft mit unsichtbaren Armen umfasst; sie erschaut nur die bunte Oberfläche der Welt und freut sich, wie das kindische Kind über die goldgleißende Frucht, in deren Innern tödliches Gift verborgen.

1 Alchemie: im Allg. die Chemie des Mittelalters, die durch aus heutiger Sicht unwissenschaftliche Versuche unedle Stoffe in edle, v. a. in Gold, zu verwandeln versuchte

2 hier: Alchemisten

Ach mein herzgeliebter Nathanael! Glaubst du denn nicht, dass auch in heitern – unbefangenen – sorglosen Gemütern die Ahnung wohnen könne von einer dunklen Macht, die feindlich uns in unserm eignen Selbst zu verderben strebt? – Aber verzeih es mir, wenn ich einfältig Mädchen mich unterfange, auf irgendeine Weise mir anzudeuten, was ich eigentlich von solchem Kampfe im Innern glaube. – Ich finde wohl gar am Ende nicht die rechten Worte und du lachst mich aus, nicht, weil ich was Dummes meine, sondern weil ich mich so ungeschickt anstelle, es zu sagen.

Gibt es eine dunkle Macht, die so recht feindlich und verräterisch einen Faden in unser Inneres legt, woran sie uns dann festpackt und fortzieht auf einem gefahrvollen, verderblichen Wege, den wir sonst nicht betreten haben würden – gibt es eine solche Macht, so muss sie in uns sich wie wir selbst gestalten, ja unser Selbst werden; denn nur *so* glauben wir an sie und räumen ihr den Platz ein, dessen sie bedarf, um jenes geheime Werk zu vollbringen. Haben wir festen, durch das heitre Leben gestärkten Sinn genug, um fremdes feindliches Einwirken als solches stets zu erkennen und den Weg, in den uns Neigung und Beruf geschoben, ruhigen Schrittes zu verfolgen, so geht wohl jene unheimliche Macht unter in dem vergeblichen Ringen nach der Gestaltung, die unser eignes Spiegelbild sein sollte. Es ist auch gewiss, fügt Lothar hinzu, dass die dunkle psychische Macht, haben wir uns durch uns selbst ihr hingegeben, oft fremde Gestalten, die die Außenwelt uns in den Weg wirft, in unser Inneres hineinzieht, sodass wir selbst nur den Geist entzünden, der, wie wir in wunderlicher Täuschung glauben, aus jener Gestalt spricht. Es ist das Phantom[1] unseres eigenen Ichs, dessen innige Verwandtschaft und dessen tiefe Einwirkung auf unser Gemüt uns in die Hölle wirft oder in den Himmel verzückt. – Du merkst, mein herzgeliebter Nathanael! Dass wir, ich und Bruder Lothar uns recht über die Materie von dunklen Mächten und Gewalten ausgesprochen haben, die mir nun, nach-

1 gespenstische Erscheinung, Trugbild

dem ich nicht ohne Mühe das Hauptsächlichste aufgeschrieben, ordentlich tiefsinnig vorkommt. Lothars letzte Worte verstehe ich nicht ganz, ich ahne nur, was er meint, und doch ist es mir, als sei alles sehr wahr. Ich bitte dich, schlage dir den hässlichen Advokaten Coppelius und den Wetterglasmann Giuseppe Coppola ganz aus dem Sinn. Sei überzeugt, dass diese fremden Gestalten nichts über dich vermögen; nur der Glaube an ihre feindliche Gewalt kann sie dir in der Tat feindlich machen. Spräche nicht aus jeder Zeile deines Briefes die tiefste Aufregung deines Gemüts, schmerzte mich nicht dein Zustand recht in innerster Seele, wahrhaftig, ich könnte über den Advokaten Sandmann und den Wetterglashändler Coppelius scherzen. Sei heiter – heiter! – Ich habe mir vorgenommen, bei dir zu erscheinen wie dein Schutzgeist und den hässlichen Coppola, sollte er es sich etwa beikommen lassen, dir im Traum beschwerlich zu fallen, mit lautem Lachen fortzubannen. Ganz und gar nicht fürchte ich mich vor ihm und vor seinen garstigen Fäusten, er soll mir weder als Advokat eine Näscherei noch als Sandmann die Augen verderben.
Ewig, mein herzinnigstgeliebter Nathanael etc. etc. etc.

Nathanael an Lothar

Sehr unlieb ist es mir, dass Clara neulich den Brief an dich aus, freilich durch meine Zerstreutheit veranlasstem, Irrtum erbrach und las. Sie hat mir einen sehr tiefsinnigen philosophischen Brief geschrieben, worin sie ausführlich beweiset, dass Coppelius und Coppola nur in meinem Innern existieren und Phantome meines Ichs sind, die augenblicklich zerstäuben, wenn ich sie als solche erkenne. In der Tat, man sollte gar nicht glauben, dass der Geist, der aus solch hellen, hold lächelnden Kindesaugen oft wie ein lieblicher süßer Traum hervorleuchtet, so gar verständig, so magistermäßig distinguieren[1] könne. Sie beruft sich auf dich. Ihr habt über

1 vornehm und gebildet erörtern

mich gesprochen. Du liesest ihr wohl logische Collegia,[1] damit sie alles fein sichten und sondern lerne. – Lass das bleiben! – Übrigens ist es wohl gewiss, dass der Wetterglashändler Giuseppe Coppola keineswegs der alte Advokat Coppelius ist. Ich höre bei dem erst neuerdings angekommenen Professor der Physik, der wie jener berühmte Naturforscher Spalanzani[2] heißt und italienischer Abkunft ist, Collegia. Der kennt den Coppola schon seit vielen Jahren und überdem hört man es auch seiner Aussprache an, dass er wirklich Piemonteser ist. Coppelius war ein Deutscher, aber wie mich dünkt, kein ehrlicher. Ganz beruhigt bin ich nicht. Haltet ihr, du und Clara, mich immerhin für einen düstern Träumer, aber nicht los kann ich den Eindruck werden, den Coppelius' verfluchtes Gesicht auf mich macht. Ich bin froh, dass er fort ist aus der Stadt, wie mir Spalanzani sagt. Dieser Professor ist ein wunderlicher Kauz. Ein kleiner rundlicher Mann, das Gesicht mit starken Backenknochen, feiner Nase, aufgeworfnen Lippen, kleinen stechenden Augen. Doch besser als in jeder Beschreibung siehst du ihn, wenn du den Cagliostro[3], wie er von Chodowiecki[4] in irgendeinem Berlinischen Taschenkalender steht, anschauest. – So sieht Spalanzani aus. Neulich steige ich die Treppe herauf und nehme wahr, dass die sonst einer Glastüre dicht vorgezogene Gardine zur Seite einen kleinen Spalt lässt. Selbst weiß ich nicht, wie ich dazu kam, neugierig durchzublicken. Ein hohes, sehr schlank im reinsten Ebenmaß gewachsenes, herrlich gekleidetes Frauenzimmer saß im Zimmer vor einem kleinen Tisch, auf den sie beide Arme, die Hände zusammengefaltet, gelegt hatte. Sie saß der Türe gegenüber, sodass ich ihr engelschönes Gesicht

---

1 Vorlesungen über wissenschaftliche Logik

2 Lazzaro Spalanzani (1729–1799), italienischer Naturforscher; lieferte Beiträge zur Geologie, Meteorologie, Physiologie und Embryologie.

3 Alexander Graf C. (1743–1795); berüchtigter Abenteurer und Scharlatan

4 Daniel Nikolaus Chodowiecki (1726–1801), Maler, Zeichner und Kupferstecher, hielt Szenen aus der Gesellschaft seiner Zeit in zahlreichen Illustrationen fest.

ganz erblickte. Sie schien mich nicht zu bemerken, und überhaupt hatten ihre Augen etwas Starres, beinahe möcht ich sagen, keine Sehkraft, es war mir so, als schliefe sie mit offnen Augen. Mir wurde ganz unheimlich und deshalb schlich ich leise fort ins Auditorium[1], das daneben gelegen. Nachher erfuhr ich, dass die Gestalt, die ich gesehen, Spalanzanis Tochter Olimpia war, die er sonderbarer und schlechter Weise einsperrt, sodass durchaus kein Mensch in ihre Nähe kommen darf. – Am Ende hat es eine Bewandtnis mit ihr, sie ist vielleicht blödsinnig oder sonst. – Weshalb schreibe ich dir aber das alles? Besser und ausführlicher hätte ich dir das mündlich erzählen können. Wisse nämlich, dass ich über vierzehn Tage bei euch bin. Ich muss mein süßes liebes Engelsbild, meine Clara, wiedersehen. Weggehaucht wird dann die Verstimmung sein, die sich (ich muss das gestehen) nach dem fatalen verständigen Briefe meiner bemeistern wollte. Deshalb schreibe ich auch heute nicht an sie.
Tausend Grüße etc. etc. etc.

Seltsamer und wunderlicher kann nichts erfunden werden, als dasjenige ist, was sich mit meinem armen Freunde, dem jungen Studenten Nathanael, zugetragen, und was ich dir, günstiger Leser! zu erzählen unternommen. Hast du, Geneigtester! wohl jemals etwas erlebt, das deine Brust, Sinn und Gedanken ganz und gar erfüllte, alles andere daraus verdrängend? Es gärte und kochte in dir, zur siedenden Glut entzündet sprang das Blut durch die Adern und färbte höher deine Wangen. Dein Blick war so seltsam, als wolle er Gestalten, keinem andern Auge sichtbar, im leeren Raum erfassen, und die Rede zerfloss in dunkle Seufzer. Da frugen dich die Freunde: „Wie ist Ihnen, Verehrter? – Was haben Sie, Teurer?“ Und nun wolltest du das innere Gebilde mit allen glühenden Farben und Schatten und Lichtern aussprechen und mühtest dich ab, Worte zu finden, um nur anzufangen.

1 Hörsaal

Aber es war dir, als müsstest du nun gleich im ersten Wort alles Wunderbare, Herrliche, Entsetzliche, Lustige, Grauenhafte, das sich zugetragen, recht zusammengreifen, sodass es, wie ein elektrischer Schlag, alle treffe. Doch jedes Wort, alles, was Rede vermag, schien dir farblos und frostig und tot. Du suchst und suchst und stotterst und stammelst, und die nüchternen Fragen der Freunde schlagen wie eisige Windeshauche hinein in deine innere Glut, bis sie verlöschen will. Hattest du aber, wie ein kecker Maler, erst mit einigen verwegenen Strichen den Umriss deines innern Bildes hingeworfen, so trugst du mit leichter Mühe immer glühender und glühender die Farben auf und das lebendige Gewühl mannigfacher Gestalten riss die Freunde fort und sie sahen, wie du, sich selbst mitten im Bilde, das aus deinem Gemüt hervorgegangen! – Mich hat, wie ich es dir, geneigter Leser! gestehen muss, eigentlich niemand nach der Geschichte des jungen Nathanael gefragt; du weißt ja aber wohl, dass ich zu dem wunderlichen Geschlechte der Autoren gehöre, denen, tragen sie etwas so in sich, wie ich es vorhin beschrieben, so zumute wird, als fra-ge jeder, der in ihre Nähe kommt und nebenher auch wohl noch die ganze Welt: „Was ist es denn? Erzählen Sie, Liebster?" – So trieb es mich dann gar gewaltig, von Nathanaels verhängnisvollem Leben zu dir zu sprechen. Das Wunderbare, Seltsame davon erfüllte meine ganze Seele, aber eben deshalb und weil ich dich, o mein Leser! gleich geneigt machen musste, Wunderliches zu ertragen, welches nichts Geringes ist, quälte ich mich ab, Nathanaels Geschichte, bedeutend – originell, ergreifend, anzufangen: „Es war einmal" – der schönste Anfang jeder Erzählung, zu nüchtern! – „In der kleinen Provinzial-Stadt S. lebte" – etwas besser, wenigstens ausholend zum Klimax[1]. Oder gleich medias in res[2]: „‚Scher Er sich zum Teufel', rief, Wut und Entsetzen im wilden Blick, der Student Nathanael, als der Wetter-

[1] griechisch: stufenweise Steigerung des Ausdrucks
[2] lateinisch: mitten hinein in die Dinge, gleich zur Sache kommend

glashändler Giuseppe Coppola" – Das hatte ich in der Tat schon aufgeschrieben, als ich in dem wilden Blick des Studenten Nathanael etwas Possierliches[1] zu verspüren glaubte; die Geschichte ist aber gar nicht spaßhaft. Mir kam keine Rede in den Sinn, die nur im Mindesten etwas von dem Farbenglanz des innern Bildes abzuspiegeln schien. Ich beschloss, gar nicht anzufangen. Nimm, geneigter Leser! die drei Briefe, welche Freund Lothar mir gütigst mitteilte, für den Umriss des Gebildes, in das ich nun erzählend immer mehr und mehr Farbe hineinzutragen mich bemühen werde. Vielleicht gelingt es mir, manche Gestalt, wie ein guter Portraitmaler, so aufzufassen, dass du es ähnlich findest, ohne das Original zu kennen, ja dass es dir ist, als hättest du die Person recht oft schon mit leibhaftigen Augen gesehen. Vielleicht wirst du, o mein Leser! dann glauben, dass nichts wunderlicher und toller sei als das wirkliche Leben und dass dieses der Dichter doch nur, wie in eines matt geschliffnen Spiegels dunklem Widerschein, auffassen könne.
Damit klarer werde, was gleich anfangs zu wissen nötig, ist jenen Briefen noch hinzuzufügen, dass bald darauf, als Nathanaels Vater gestorben, Clara und Lothar, Kinder eines weitläuftigen Verwandten, der ebenfalls gestorben und sie verwaist nachgelassen, von Nathanaels Mutter ins Haus genommen wurden. Clara und Nathanael fassten eine heftige Zuneigung zueinander, wogegen kein Mensch auf Erden etwas einzuwenden hatte; sie waren daher Verlobte, als Nathanael den Ort verließ, um seine Studien in G.- fortzusetzen. Da ist er nun in seinem letzten Briefe und hört Collegia bei dem berühmten Professor Physices, Spalanzani.
Nun könnte ich getrost in der Erzählung fortfahren; aber in dem Augenblick steht Claras Bild so lebendig mir vor Augen, dass ich nicht wegschauen kann, so wie es immer geschah, wenn sie mich hold lächelnd anblickte. – Für schön konnte Clara keineswegs gelten; das meinten alle, die sich von Amts wegen auf Schönheit verstehen. Doch lobten die Architekten die reinen Verhältnisse ihres

---

1 klein, niedlich und dabei drollig; auch: komisch

Wuchses, die Maler fanden Nacken, Schultern und Brust beinahe zu keusch geformt, verliebten sich dagegen sämtlich in das wunderbare Magdalenenhaar und faselten überhaupt viel von Battonischem Kolorit[1]. Einer von ihnen, ein wirklicher Fantast, verglich aber höchstseltsamerweise Claras Augen mit einem See von Ruisdael[2], in dem sich des wolkenlosen Himmels reines Azur, Wald und Blumenflur, der reichen Landschaft ganzes buntes, heitres Leben spiegelt. Dichter und Meister gingen aber weiter und sprachen: „Was See – was Spiegel! – Können wir denn das Mädchen anschauen, ohne dass uns aus ihrem Blick wunderbare himmlische Gesänge und Klänge entgegenstrahlen, die in unser Innerstes dringen, dass das alles wach und rege wird? Singen wir selbst dann nichts wahrhaft Gescheutes[3], so ist überhaupt nicht viel an uns, und das lesen wir denn auch deutlich in dem um Claras Lippen schwebenden feinen Lächeln, wenn wir uns unterfangen, ihr etwas vorzuquinkelieren[4], das so tun will, als sei es Gesang, unerachtet nur einzelne Töne verworren durcheinanderspringen." Es war dem so. Clara hatte die lebenskräftige Fantasie des heitern unbefangenen, kindischen Kindes, ein tiefes weiblich zartes Gemüt, einen gar hellen, scharf sichtenden Verstand. Die Nebler und Schwebler[5] hatten bei ihr böses Spiel; denn ohne zu viel zu reden, was überhaupt in Claras schweigsamer Natur nicht lag, sagte ihnen der helle Blick und jedes feine ironische Lächeln: Liebe Freunde! Wie möget ihr mir denn zumuten, dass ich eure verfließende Schattengebilde für wahre Gestalten ansehen soll, mit Leben und Regung? – Clara wurde deshalb von vielen kalt, gefühllos, prosaisch

---

1 V. a. die Farbgebung (Kolorit) des Bildes der „Büßende(n) Magdalena" des spätbarocken Malers Pompeo G. Battoni (1708–87) beeindruckte Hoffmann, der mehrfach sein „Entzücken" darüber äußerte.

2 Jacob von Ruisdael (1628–82): holländischer Landschaftsmaler mit großem Einfluss auf die Malerei der deutschen Romantik

3 Gescheites

4 hell und leise singen

5 Fantasten, Angeber

gescholten; aber andere, die das Leben in klarer Tiefe aufgefasst, liebten ungemein das gemütvolle, verständige, kindliche Mädchen, doch keiner so sehr als Nathanael, der sich in Wissenschaft und Kunst kräftig und heiter bewegte. Clara hing an dem Geliebten mit ganzer Seele; die ersten Wolkenschatten zogen durch ihr Leben, als er sich von ihr trennte. Mit welchem Entzücken flog sie in seine Arme, als er nun, wie er im letzten Briefe an Lothar es verheißen, wirklich in seiner Vaterstadt ins Zimmer der Mutter eintrat. Es geschah so, wie Nathanael geglaubt; denn in dem Augenblick, als er Clara wiedersah, dachte er weder an den Advokaten Coppelius noch an Claras verständigen Brief, jede Verstimmung war verschwunden.

Recht hatte aber Nathanael doch, als er seinem Freunde Lothar schrieb, dass des widerwärtigen Wetterglashändlers Coppola Gestalt recht feindlich in sein Leben getreten sei. Alle fühlten das, da Nathanael gleich in den ersten Tagen in seinem ganzen Wesen durchaus verändert sich zeigte. Er versank in düstere Träumereien und trieb es bald so seltsam, wie man es niemals von ihm gewohnt gewesen. Alles, das ganze Leben war ihm Traum und Ahnung geworden; immer sprach er davon, wie jeder Mensch, sich frei wähnend, nur dunklen Mächten zum grausamen Spiel diene, vergeblich lehne man sich dagegen auf, demütig müsse man sich dem fügen, was das Schicksal verhängt habe. Er ging so weit zu behaupten, dass es töricht sei, wenn man glaube, in Kunst und Wissenschaft nach selbsttätiger Willkür[1] zu schaffen; denn die Begeisterung, in der man nur zu schaffen fähig sei, komme nicht aus dem eignen Innern, sondern sei das Einwirken irgendeines außer uns selbst liegenden höheren Prinzips.

Der verständigen Clara war diese mystische[2] Schwärmerei im höchsten Grade zuwider, doch schien es vergebens, sich auf Widerlegung einzulassen. Nur dann, wenn Nathanael bewies, dass Coppelius das böse Prin-

1 hier: nach eigenem Ermessen, nach eigener Freiheit
2 dunkel, geheimnisvoll

zip sei, was ihn in dem Augenblick erfasst habe, als er hinter dem Vorhange lauschte, und dass dieser widerwärtige *Dämon* auf entsetzliche Weise ihr Liebesglück stören werde, da wurde Clara ernst und sprach: „Ja Nathanael! Du hast Recht, Coppelius ist ein böses feindliches Prinzip, er kann Entsetzliches wirken, wie eine teuflische Macht, die sichtbarlich in das Leben trat, aber nur dann, wenn du ihn nicht aus Sinn und Gedanken verbannst. Solange du an ihn glaubst, *ist* er auch und wirkt, nur dein Glaube ist seine Macht." – Nathanael, ganz erzürnt, dass Clara die Existenz des *Dämons* nur in seinem eignen Innern statuiere[1], wollte dann hervorrücken mit der ganzen mystischen Lehre von Teufeln und grauen Mächten, Clara brach aber verdrüsslich ab, indem sie irgendetwas Gleichgültiges dazwischenschob, zu Nathanaels nicht geringem Ärger. *Der* dachte, kalten unempfänglichen Gemütern erschließen sich solche tiefe Geheimnisse nicht, ohne sich deutlich bewusst zu sein, dass er Clara eben zu solchen untergeordneten Naturen zähle, weshalb er nicht abließ mit Versuchen, sie in jene Geheimnisse einzuweihen. Am frühen Morgen, wenn Clara das Frühstück bereiten half, stand er bei ihr und las ihr aus allerlei mystischen Büchern vor, dass Clara bat: „Aber lieber Nathanael, wenn ich *dich* nun das böse Prinzip schelten wollte, das feindlich auf meinen Kaffee wirkt? – Denn, wenn ich, wie du es willst, alles stehen und liegen lassen und dir, indem du liesest, in die Augen schauen soll, so läuft mir der Kaffee ins Feuer und ihr bekommt alle kein Frühstück!" – Nathanael klappte das Buch heftig zu und rannte voll Unmut fort in sein Zimmer. Sonst hatte er eine besondere Stärke in anmutigen, lebendigen Erzählungen, die er aufschrieb und die Clara mit dem innigsten Vergnügen anhörte, jetzt waren seine Dichtungen düster, unverständlich, gestaltlos, sodass, wenn Clara schonend es auch nicht sagte, er doch wohl fühlte, wie wenig sie davon angesprochen wurde. Nichts war für Clara tötender als das Langweilige; in Blick und Rede sprach sie dann ihre nicht zu be-

1 aufstellen, festsetzen

siegende geistige Schläfrigkeit aus. Nathanaels Dichtungen waren in der Tat sehr langweilig. Sein Verdruss über Claras kaltes prosaisches[1] Gemüt stieg höher, Clara konnte ihren Unmut über Nathanaels dunkle, düstere, langweilige Mystik nicht überwinden, und so entfernten beide im Innern sich immer mehr voneinander, ohne es selbst zu bemerken. Die Gestalt des hässlichen Coppelius war, wie Nathanael selbst es sich gestehen musste, in seiner Fantasie erbleicht und es kostete ihm oft Mühe, ihn in seinen Dichtungen, wo er als grauser Schicksalspopanz auftrat, recht lebendig zu kolorieren[2]. Es kam ihm endlich ein, jene düstre Ahnung, dass Coppelius sein Liebesglück stören werde, zum Gegenstande eines Gedichts zu machen. Er stellte sich und Clara dar, in treuer Liebe verbunden, aber dann und wann war es, als griffe eine schwarze Faust in ihr Leben und risse irgendeine Freude heraus, die ihnen aufgegangen. Endlich, als sie schon am Traualtar stehen, erscheint der entsetzliche Coppelius und berührt Claras holde Augen: *Die* springen in Nathanaels Brust wie blutige Funken sengend und brennend, Coppelius fasst ihn und wirft ihn in einen flammenden Feuerkreis, der sich dreht mit der Schnelligkeit des Sturmes und ihn sausend und brausend fortreißt. Es ist ein Tosen, als wenn der Orkan grimmig hineinpeitscht in die schäumenden Meereswellen, die sich wie schwarze, weißhauptige Riesen emporbäumen in wütendem Kampfe. Aber durch dies wilde Tosen hört er Claras Stimme: „Kannst du mich denn nicht erschauen? Coppelius hat dich getäuscht, das waren ja nicht meine Augen, die so in deiner Brust brannten, das waren ja glühende Tropfen deines eignen Herzbluts – ich habe ja meine Augen, sieh mich doch nur an!" – Nathanael denkt: Das ist Clara, und ich bin ihr Eigen ewiglich. – Da ist es, als fasst der Gedanke gewaltig in den Feuerkreis hinein, dass er stehen bleibt, und im schwarzen Abgrund verrauscht dumpf das Getöse. Nathanael

1 einfach, wenig künstlerisch
2 ausmalen, färben

blickt in Claras Augen; aber es ist der Tod, der mit Claras Augen ihn freundlich anschaut.
Während Nathanael dies dichtete, war er sehr ruhig und besonnen, er feilte und besserte an jeder Zeile und da er sich dem metrischen Zwange unterworfen[1], ruhte er nicht, bis alles rein und wohl klingend sich fügte. Als er jedoch nun endlich fertig geworden und das Gedicht für sich laut las, da fasste ihn Grausen und wildes Entsetzen und er schrie auf: „Wessen grauenvolle Stimme ist das?“ – Bald schien ihm jedoch das Ganze wieder nur eine sehr gelungene Dichtung, und es war ihm, als müsse Claras kaltes Gemüt dadurch entzündet werden, wiewohl er nicht deutlich dachte, wozu denn Clara entzündet und wozu es denn nun eigentlich führen solle, sie mit den grauenvollen Bildern zu ängstigen, die ein entsetzliches, ihre Liebe zerstörendes Geschick weissagten. Sie, Nathanael und Clara, saßen in der Mutter kleinem Garten, Clara war sehr heiter, weil Nathanael sie seit drei Tagen, in denen er an jener Dichtung schrieb, nicht mit seinen Träumen und Ahnungen geplagt hatte. Auch Nathanael sprach lebhaft und froh von lustigen Dingen wie sonst, sodass Clara sagte: „Nun erst habe ich dich ganz wieder, siehst du es wohl, wie wir den hässlichen Coppelius vertrieben haben?“ Da fiel dem Nathanael erst ein, dass er ja die Dichtung in der Tasche trage, die er habe vorlesen wollen. Er zog auch sogleich die Blätter hervor und fing an zu lesen: Clara, etwas Langweiliges wie gewöhnlich vermutend und sich darein ergebend, fing an, ruhig zu stricken. Aber so wie immer schwärzer und schwärzer das düstre Gewölk aufstieg, ließ sie den Strickstrumpf sinken und blickte starr dem Nathanael ins Auge. *Den* riss seine Dichtung unaufhaltsam fort, hochrot färbte seine Wangen die innere Glut, Tränen quollen ihm aus den Augen. – Endlich hatte er geschlossen, er stöhnte in tiefer Ermattung – er fasste Claras Hand und seufzte wie aufgelöst in trostlosem Jammer: „Ach! – Clara – Clara“ – Clara drückte ihn sanft an ihren Busen und sagte leise, aber sehr langsam und ernst:

[1] an den festgelegten Rhythmus der Dichtung gebunden

„Nathanael – mein herzlieber Nathanael! – wirf das tolle[1] – unsinnige – wahnsinnige Märchen ins Feuer." Da sprang Nathanael entrüstet auf und rief, Clara von sich stoßend: „Du lebloses, verdammtes Automat!" Er rannte fort, bittre Tränen vergoss die verletzte Clara: „Ach er hat mich niemals geliebt, denn er versteht mich nicht", schluchzte sie laut. – Lothar trat in die Laube; Clara musste ihm erzählen, was vorgefallen; er liebte seine Schwester mit ganzer Seele, jedes Wort ihrer Anklage fiel wie ein Funke in sein Inneres, sodass der Unmut, den er wider den träumerischen Nathanael lange im Herzen getragen, sich entzündete zum wilden Zorn. Er lief zu Nathanael, er warf ihm das unsinnige Betragen gegen die geliebte Schwester in harten Worten vor, die der aufbrausende Nathanael ebenso erwiderte. Ein fantastischer, wahnsinniger Geck wurde mit einem miserablen, gemeinen Alltagsmenschen erwidert. Der Zweikampf war unvermeidlich. Sie beschlossen, sich am folgenden Morgen hinter dem Garten nach dortiger akademischer Sitte mit scharf geschliffenen Stoßrapieren zu schlagen[2]. Stumm und finster schlichen sie umher, Clara hatte den heftigen Streit gehört und gesehen, dass der Fechtmeister in der Dämmerung die Rapiere brachte. Sie ahnte, was geschehen sollte. Auf dem Kampfplatz angekommen hatten Lothar und Nathanael soeben düster schweigend die Röcke abgeworfen, blutdürstige Kampflust im brennenden Auge wollten sie gegeneinander ausfallen, als Clara durch die Gartentür herbeistürzte. Schluchzend rief sie laut: „Ihr wilden entsetzlichen Menschen! – Stoßt mich nur gleich nieder, ehe ihr euch anfallt; denn wie soll ich denn länger leben auf der Welt, wenn der Geliebte den Bruder oder wenn der Bruder den Geliebten ermordet hat!" – Lothar ließ die Waffe sinken und sah schweigend zur Erde nieder, aber in Nathanaels Innern ging in herzzerreißender Wehmut alle Liebe wieder auf, wie er sie jemals in der herrlichen Jugendzeit schönsten Tagen für die holde Clara empfunden. Das Mordge-

---

1 verrückt
2 sich mit florettähnlicher Stoßwaffe auf Leben und Tod duellieren

wehr entfiel seiner Hand, er stürzte zu Claras Füßen. „Kannst du mir denn jemals verzeihen, du meine einzige, meine herzgeliebte Clara! – Kannst du mir verzeihen, mein herzgeliebter Bruder Lothar!" – Lothar wurde gerührt von des Freundes tiefem Schmerz; unter tausend Tränen umarmten sich die drei versöhnten Menschen und schwuren, nicht voneinander zu lassen in steter Liebe und Treue.

Dem Nathanael war es zumute, als sei eine schwere Last, die ihn zu Boden gedrückt, von ihm abgewälzt, ja als habe er, Widerstand leistend der finstern Macht, die ihn befangen, sein ganzes Sein, dem Vernichtung drohte, gerettet. Noch drei selige Tage verlebte er bei den Lieben, dann kehrte er zurück nach G., wo er noch ein Jahr zu bleiben, dann aber auf immer nach seiner Vaterstadt zurückzukehren gedachte.

Der Mutter war alles, was sich auf Coppelius bezog, verschwiegen worden; denn man wusste, dass sie nicht ohne Entsetzen an ihn denken konnte, weil sie, wie Nathanael, ihm den Tod ihres Mannes Schuld gab.

Wie erstaunte Nathanael, als er in seine Wohnung wollte und sah, dass das ganze Haus niedergebrannt war, sodass aus dem Schutthaufen nur die nackten Feuermauern hervorragten. Unerachtet das Feuer in dem Laboratorium des Apothekers, der im untern Stocke wohnte, ausgebrochen war, das Haus daher von unten herauf gebrannt hatte, so war es doch den kühnen, rüstigen Freunden gelungen, noch zu rechter Zeit in Nathanaels im obern Stock gelegenes Zimmer zu dringen, um Bücher, Manuskripte, Instrumente zu retten. Alles hatten sie unversehrt in ein anderes Haus getragen und dort ein Zimmer in Beschlag genommen, welches Nathanael nun sogleich bezog. Nicht sonderlich achtete er darauf, dass er dem Professor Spalanzani gegenüber wohnte, und ebenso wenig schien es ihn etwas Besonderes, als er bemerkte, dass er aus seinem Fenster gerade hinein in das Zimmer blickte, wo oft Olimpia einsam saß, sodass er ihre Figur deutlich erkennen konnte, wiewohl die Züge des Gesichts undeutlich und verworren blieben. Wohl fiel es ihm endlich auf, dass Olimpia oft stundenlang in derselben Stellung, wie er sie einst durch ihre Glastüre entdeckte, ohne irgendeine Beschäftigung an einem kleinen Tische saß und dass sie offenbar unverwandten Blickes nach ihm herüberschaute; er musste sich auch selbst gestehen, dass er nie einen schöneren Wuchs gesehen; indessen, Clara im Herzen, blieb ihm die steife, starre Olimpia höchst gleichgültig und nur zuweilen sah er flüchtig über sein Kompendium[1] herüber nach der schönen Bildsäule, das war alles. – Eben schrieb er an Clara, als es leise an die Türe klopfte; sie öffnete sich auf seinen Zuruf und Coppolas widerwärtiges Gesicht sah hinein. Nathanael fühlte sich im Innersten erbeben; eingedenk dessen, was ihm Spalanzani über den Landsmann Coppola gesagt und was er auch rücksichts[2] des Sandmanns Coppelius der Geliebten so heilig versprochen, schämte er sich aber selbst seiner kindischen Gespensterfurcht, nahm sich mit aller Gewalt zusammen und sprach so sanft und gelassen, als möglich: „Ich kaufe kein Wetterglas, mein lieber Freund! Gehen Sie nur!“ Da trat aber Coppola vollends in die Stube und sprach mit heiserem Ton, indem sich das weite Maul zum hässlichen Lachen verzog und die kleinen Augen unter den grauen langen Wimpern stechend hervorfunkelten: „Ei, nix Wetterglas, nix Wetterglas! – hab auch sköne Oke – sköne Oke!“[3] – Entsetzt rief Nathanael: „Toller Mensch, wie kannst du Augen haben? – Augen – Augen? –“ Aber in dem Augenblick hatte Coppola seine Wettergläser beiseite gesetzt, griff in die weiten Rocktaschen und holte Lorgnetten[4] und Brillen heraus, die er auf den Tisch legte. – „Nu – Nu – Brill' – Brill' auf der Nas' su setze, das sein meine Oke – sköne Oke!“ – Und damit holte er immer mehr und mehr Brillen heraus, so,

1 Lehrbuch für universitäre Studien
2 in Bezug auf
3 „Oke“ ähnelt dem ital. occhi (Augen)
4 früher übliche, mit der Hand zu haltende Stielbrille

dass es auf dem ganzen Tisch seltsam zu flimmern und zu funkeln begann. Tausend Augen blickten und zuckten krampfhaft und starrten auf zum Nathanael; aber er konnte nicht wegschauen von dem Tisch, und immer mehr Brillen legte Coppola hin, und immer wilder und wilder sprangen flammende Blicke durcheinander und schossen ihre blutroten Strahlen in Nathanaels Brust. Übermannt von tollem Entsetzen schrie er auf: „Halt ein! Halt ein, fürchterlicher Mensch!" – Er hatte Coppola, der eben in die Tasche griff, um noch mehr Brillen herauszubringen, unerachtet schon der ganze Tisch überdeckt war, beim Arm festgepackt, Coppola machte sich mit heiserem, widrigen Lachen sanft los und mit den Worten: „Ah – nix für Sie – aber hier sköne Glas" – hatte er alle Brillen zusammengerafft, eingesteckt und aus der Seitentasche des Rocks eine Menge großer und kleiner Perspektive hervorgeholt. Sowie die Brillen fort waren, wurde Nathanael ganz ruhig und an Clara denkend sah er wohl ein, dass der entsetzliche Spuk nur aus seinem Innern hervorgegangen sowie dass Coppola ein höchst ehrlicher Mechanicus und Opticus, keineswegs aber Coppelii verfluchter Doppeltgänger und Revenant[1] sein könne. Zudem hatten alle Gläser, die Coppola nun auf den Tisch gelegt, gar nichts Besonderes, am wenigsten so etwas Gespenstisches wie die Brillen und, um alles wieder gutzumachen, beschloss Nathanael, dem Coppola jetzt wirklich etwas abzukaufen. Er ergriff ein kleines, sehr sauber gearbeitetes Taschenperspektiv und sah, um es zu prüfen, durch das Fenster. Noch im Leben war ihm kein Glas vorgekommen, das die Gegenstände so rein, scharf und deutlich dicht vor die Augen rückte. Unwillkürlich sah er hinein in Spalanzanis Zimmer; Olimpia saß, wie gewöhnlich, vor dem kleinen Tisch, die Arme daraufgelegt, die Hände gefaltet. – Nun erschaute Nathanael erst Olimpias wunderschön geformtes Gesicht. Nur die Augen schienen ihm gar seltsam starr und tot. Doch wie er immer schärfer und schärfer durch das Glas hinschaute, war es, als gingen in Olimpias Augen feuch-

[1] des Coppelius Geist, Gespenst

te Mondesstrahlen auf. Es schien, als wenn nun erst die Sehkraft entzündet würde; immer lebendiger und lebendiger flammten die Blicke. Nathanael lag wie festgezaubert im Fenster, immer fort und fort die himmlisch-schöne Olimpia betrachtend. Ein Räuspern und Scharren weckte ihn, wie aus tiefem Traum. Coppola stand hinter ihm: „Tre Zechini[1] – drei Dukat!" – Nathanael hatte den Opticus rein vergessen, rasch zahlte er das Verlangte: „Nick so? – sköne Glas – sköne Glas!", frug Coppola mit seiner widerwärtigen heisern Stimme und dem hämischen Lächeln. „Ja, ja, ja!", erwiderte Nathanael verdrießlich: „Adieu, lieber Freund!" – Coppola verließ, nicht ohne viele seltsame Seitenblicke auf Nathanael, das Zimmer. Er hörte ihn auf der Treppe laut lachen. „Nun ja", meinte Nathanael, „er lacht mich aus, weil ich ihm das kleine Perspektiv gewiss viel zu teuer bezahlt habe – zu teuer bezahlt!" – Indem er diese Worte leise sprach, war es, als halle ein tiefer Todesseufzer grauenvoll durch das Zimmer, Nathanaels Atem stockte vor innerer Angst. – Er hatte ja aber selbst so aufgeseufzt, das merkte er wohl. „Clara", sprach er zu sich selber, „hat wohl Recht, dass sie mich für einen abgeschmackten Geisterseher hält; aber närrisch ist es doch – ach wohl mehr als närrisch, dass mich der dumme Gedanke, ich hätte das Glas dem Coppola zu teuer bezahlt, noch jetzt so sonderbar ängstigt; den Grund davon sehe ich gar nicht ein." – Jetzt setzte er sich hin, um den Brief an Clara zu enden, aber ein Blick durchs Fenster überzeugte ihn, dass Olimpia noch da säße, und im Augenblick, wie von unwiderstehlicher Gewalt getrieben, sprang er auf, ergriff Coppolas Perspektiv und konnte nicht los von Olimpias verführerischem Anblick, bis ihn Freund und Bruder Siegmund abrief ins Kollegium bei dem Professor Spalanzani. Die Gardine vor dem verhängnisvollen Zimmer war dicht zugezogen, er konnte Olimpia ebenso wenig hier als die beiden folgenden Tage hindurch in ihrem Zimmer entdecken, unerachtet er kaum das Fenster verließ und fortwährend durch Coppolas Perspektiv

[1] drei Zechinen (alte Goldmünzen aus Venedig)

hinüberschaute. Am dritten Tage wurden sogar die Fenster verhängt. Ganz verzweifelt und getrieben von Sehnsucht und glühendem Verlangen lief er hinaus vors Tor. Olimpias Gestalt schwebte vor ihm her in den Lüften und trat aus dem Gebüsch und guckte ihn an mit großen strahlenden Augen, aus dem hellen Bach. Claras Bild war ganz aus seinem Innern gewichen, er dachte nichts als Olimpia und klagte ganz laut und weinerlich: „Ach du mein hoher herrlicher Liebesstern, bist du mir denn nur aufgegangen, um gleich wieder zu verschwinden, um mich zu lassen in finstrer hoffnungsloser Nacht?“

Als er zurückkehren wollte in seine Wohnung, wurde er in Spalanzanis Hause ein geräuschvolles Treiben gewahr. Die Türen standen offen, man trug allerlei Gerät hinein, die Fenster des ersten Stocks waren ausgehoben, geschäftige Mägde kehrten und stäubten mit großen Haarbesen hin und her fahrend, inwendig klopften und hämmerten Tischler und Tapezierer. Nathanael blieb in vollem Erstaunen auf der Straße stehen; da trat Siegmund lachend zu ihm und sprach: „Nun, was sagst du zu unserem alten Spalanzani?“ Nathanael versicherte, dass er gar nichts sagen könne, da er durchaus nichts vom Professor wisse, vielmehr mit großer Verwunderung wahrnehme, wie in dem stillen düstern Hause ein tolles Treiben und Wirtschaften losgegangen; da erfuhr er denn von Siegmund, dass Spalanzani morgen ein großes Fest geben wolle, Konzert und Ball, und dass die halbe Universität eingeladen sei. Allgemein verbreite man, dass Spalanzani seine Tochter Olimpia, die er so lange jedem menschlichen Auge recht ängstlich entzogen, zum ersten Mal erscheinen lassen werde.

Nathanael fand eine Einladungskarte und ging mit hochklopfendem Herzen zur bestimmten Stunde, als schon die Wagen rollten und die Lichter in den geschmückten Sälen schimmerten, zum Professor. Die Gesellschaft war zahlreich und glänzend. Olimpia erschien sehr reich und geschmackvoll gekleidet. Man musste ihr schön geformtes Gesicht, ihren Wuchs bewundern. Der etwas seltsam eingebogene Rücken, die wespenartige

Dünne des Leibes schien von zu starkem Einschnüren bewirkt zu sein. In Schritt und Stellung hatte sie etwas Abgemessenes und Steifes, das manchen unangenehm auffiel; man schrieb es dem Zwange zu, den ihr die Gesellschaft auflegte. Das Konzert begann. Olimpia spielte den Flügel mit großer Fertigkeit und trug ebenso eine Bravour-Arie mit heller, beinahe schneidender Glasglockenstimme vor. Nathanael war ganz entzückt; er stand in der hintersten Reihe und konnte im blendenden Kerzenlicht Olimpias Züge nicht ganz erkennen. Ganz unvermerkt nahm er deshalb Coppolas Glas hervor und schaute hin nach der schönen Olimpia. Ach! – Da wurde er gewahr, wie sie voll Sehnsucht nach ihm herübersah, wie jeder Ton erst deutlich aufging in dem Liebesblick, der zündend sein Inneres durchdrang. Die künstlichen Rouladen[1] schienen dem Nathanael das Himmelsjauchzen des in Liebe verklärten Gemüts, und als nun endlich nach der Kadenz[2] der lange Trillo[3] recht schmetternd durch den Saal gellte, konnte er wie von glühenden Armen plötzlich erfasst sich nicht mehr halten, er musste vor Schmerz und Entzücken laut aufschreien: „Olimpia!" – Alle sahen sich um nach ihm, manche lachten. Der Domorganist schnitt aber noch ein finstereres Gesicht als vorher und sagte bloß: „Nun, nun!" – Das Konzert war zu Ende, der Ball fing an. Mit ihr zu tanzen! – Mit ihr! Das war nun dem Nathanael das Ziel aller Wünsche, allen Strebens; aber wie sich erheben zu dem Mut, sie, die Königin des Festes, aufzufordern? Doch! – Er selbst wusste nicht, wie es geschah, dass er, als schon der Tanz angefangen, dicht neben Olimpia stand, die noch nicht aufgefordert worden, und dass er, kaum vermögend einige Worte zu stammeln, ihre Hand ergriff. Eiskalt war Olimpias Hand, er fühlte sich durchbebt von grausigem Todesfrost, er starrte Olimpia ins Auge, das strahlte ihm

[1] in der Gesangskunst (v. a. in der Oper des 17. und 18. Jahrhunderts) der rollende Lauf, mit dem die Melodie ausgeschmückt wird

[2] vor dem Schluss eines musikalischen Abschnittes (z.B. einer Arie) virtuose und wiederholende Verdeutlichung des Hauptthemas ohne instrumentale Begleitung

[3] (ital.) Triller

voll Liebe und Sehnsucht entgegen und in dem Augenblick war es auch, als fingen an, in der kalten Hand Pulse zu schlagen und des Lebensblutes Ströme zu glühen. Und auch in Nathanaels Innerm glühte höher auf die Liebeslust, er umschlang die schöne Olimpia und durchflog mit ihr die Reihen. – Er glaubte sonst recht taktmäßig getanzt zu haben, aber an der ganz eignen rhythmischen Festigkeit, womit Olimpia tanzte und die ihn oft ordentlich aus der Haltung brachte, merkte er bald, wie sehr ihm der Takt gemangelt. Er wollte jedoch mit keinem anderen Frauenzimmer mehr tanzen und hätte jeden, der sich Olimpia näherte, um sie aufzufordern, nur gleich ermorden mögen. Doch nur zweimal geschah dies, zu seinem Erstaunen blieb darauf Olimpia bei jedem Tanze sitzen und er ermangelte nicht, immer wieder sie aufzuziehen. Hätte Nathanael außer der schönen Olimpia noch etwas anders zu sehen vermocht, so wäre allerlei fataler Zank und Streit unvermeidlich gewesen; denn offenbar ging das halbleise, mühsam unterdrückte Gelächter, was sich in diesem und jenem Winkel unter den jungen Leuten erhob, auf die schöne Olimpia, die sie mit ganz kuriosen Blicken verfolgten, man konnte gar nicht wissen, warum? Durch den Tanz und durch den reichlich genossenen Wein erhitzt, hatte Nathanael alle ihm sonst eigne Scheu abgelegt. Er saß neben Olimpia, ihre Hand in der seinigen, und sprach hoch entflammt und begeistert von seiner Liebe in Worten, die keiner verstand, weder er noch Olimpia. Doch, diese vielleicht; denn sie sah ihm unverrückt ins Auge und seufzte ein Mal übers andere: „Ach – Ach – Ach!“ – Worauf denn Nathanael also sprach: „O du herrliche, himmlische Frau! – Du Strahl aus dem verheißenen Jenseits der Liebe – Du tiefes Gemüt, in dem sich mein ganzes Sein spiegelt“ und noch mehr dergleichen, aber Olimpia seufzte bloß immer wieder: „Ach, Ach!“ – Der Professor Spalanzani ging einige Mal bei den Glücklichen vorüber und lächelte sie ganz seltsam zufrieden an. Dem Nathanael schien es, unerachtet er sich in einer ganz andern Welt befand, mit einem Mal, als würd es hienieden beim Professor Spalanzani merklich finster; er schaute um sich und wurde zu seinem nicht geringen Schreck gewahr, dass eben die zwei letzten Lichter in dem leeren Saal herniederbrennen und ausgehen wollten. Längst hatten Musik und Tanz aufgehört. „Trennung, Trennung", schrie er ganz wild und verzweifelt, er küsste Olimpias Hand, er neigte sich zu ihrem Munde, eiskalte Lippen begegneten seinen glühenden! – Sowie, als er Olimpias kalte Hand berührte, fühlte er sich von innerem Grauen erfasst, die Legende von der toten Braut ging ihm plötzlich durch den Sinn; aber fest hatte ihn Olimpia an sich gedrückt, und in dem Kuss schienen die Lippen zum Leben zu erwarmen. – Der Professor Spalanzani schritt langsam durch den leeren Saal, seine Schritte klangen hohl wider und seine Figur, von flackernden Schlagschatten umspielt, hatte ein grauliches gespenstisches Ansehen. „Liebst du mich – Liebst du mich, Olimpia? – Nur dies Wort! – Liebst du mich?" So flüsterte Nathanael, aber Olimpia seufzte, indem sie aufstand, nur: „Ach – Ach!" „Ja du mein holder, herrlicher Liebesstern", sprach Nathanael, „bist mir aufgegangen und wirst leuchten, wirst verklären mein Inneres immerdar!" „Ach, ach!", replizierte Olimpia fortschreitend. Nathanael folgte ihr, sie standen vor dem Professor. „Sie haben sich außerordentlich lebhaft mit meiner Tochter unterhalten", sprach dieser lächelnd: „Nun, nun lieber Herr Nathanael, finden Sie Geschmack daran, mit dem blöden Mädchen zu konversieren[1], so sollen mir Ihre Besuche willkommen sein." – Einen ganzen hellen strahlenden Himmel in der Brust schied Nathanael von dannen: Spalanzanis Fest war der Gegenstand des Gesprächs in den folgenden Tagen. Unerachtet der Professor alles getan hatte, recht splendid[2] zu erscheinen, so wussten doch die lustigen Köpfe von allerlei Unschicklichem und Sonderbarem zu erzählen, das sich begeben, und vorzüglich fiel man über die todstarre, stumme Olimpia her, der man, ihres schönen Äußern unerachtet, totalen

1 sich mit dem schüchternen und zurückhaltenden Mädchen unterhalten

2 glanzvoll, freigebig

Stumpfsinn andichten und darin die Ursache finden wollte, warum Spalanzani sie so lange verborgen gehalten. Nathanael vernahm das nicht ohne innern Grimm, indessen schwieg er; denn, dachte er, würde es wohl verlohnen, diesen Burschen zu beweisen, dass eben ihr eigner Stumpfsinn es ist, der sie Olimpias tiefes, herrliches Gemüt zu erkennen hindert? „Tu mir den Gefallen, Bruder", sprach eines Tages Siegmund, „tu mir den Gefallen und sage, wie es dir gescheuten Kerl möglich war, dich in das Wachsgesicht, in die Holzpuppe da drüben zu vergaffen?" Nathanael wollte zornig auffahren, doch schnell besann er sich und erwiderte: „Sage du mir, Siegmund, wie deinem, sonst alles Schöne klar auffassenden Blick, deinem regen Sinn, Olimpias himmlischer Liebreiz entgehen konnte? Doch eben deshalb habe ich, Dank sei es dem Geschick, dich nicht zum Nebenbuhler; denn sonst müsste einer von uns blutend fallen." Siegmund merkte wohl, wie es mit dem Freunde stand, lenkte geschickt ein und fügte, nachdem er geäußert, dass in der Liebe niemals über den Gegenstand zu richten sei, hinzu: „Wunderlich ist es doch, dass viele von uns über Olimpia ziemlich gleich urteilen. Sie ist uns – nimm es nicht übel, Bruder! auf seltsame Weise starr und seelenlos erschienen. Ihr Wuchs ist regelmäßig, so wie ihr Gesicht, das ist wahr! – Sie könnte für schön gelten, wenn ihr Blick nicht so ganz ohne Lebensstrahl, ich möchte sagen, ohne Sehkraft wäre. Ihr Schritt ist sonderbar abgemessen, jede Bewegung scheint durch den Gang eines aufgezogenen Räderwerks bedingt. Ihr Spiel, ihr Singen hat den unangenehm richtigen geistlosen Takt der singenden Maschine und ebenso ist ihr Tanz. Uns ist diese Olimpia ganz unheimlich geworden, wir mochten nichts mit ihr zu schaffen haben, es war uns, als tue sie nur so wie ein lebendiges Wesen, und doch habe es mit ihr eine eigne Bewandtnis." – Nathanael gab sich dem bittern Gefühl, das ihn bei diesen Worten Siegmunds ergreifen wollte, durchaus nicht hin, er wurde Herr seines Unmuts und sagte bloß sehr ernst: „Wohl mag euch, ihr kalten prosaischen Menschen, Olimpia unheimlich sein. Nur dem poetischen Gemüt entfaltet sich das gleich organisierte! – Nur *mir* ging ihr Liebesblick auf und durchstrahlte Sinn und Gedanken, nur in Olimpias Liebe finde ich mein Selbst wieder. Auch mag es nicht recht sein, dass sie nicht in platter Konversation faselt, wie die andern flachen Gemüter. Sie spricht wenig Worte, das ist wahr; aber diese wenigen Worte erscheinen als echte Hieroglyphe[1] der innern Welt voll Liebe und hoher Erkenntnis des geistigen Lebens in der Anschauung des ewigen Jenseits. Doch für alles das habt ihr keinen Sinn und alles sind verlorne Worte." „Behüte dich Gott, Herr Bruder", sagte Siegmund sehr sanft, beinahe wehmütig, „aber mir scheint es, du seist auf bösem Wege. Auf mich kannst du rechnen, wenn alles – Nein, ich mag nichts weiter sagen! –" Dem Nathanael war es plötzlich, als meine der kalte prosaische Siegmund es sehr treu mit ihm, er schüttelte daher die ihm dargebotene Hand recht herzlich. –

Nathanael hatte rein vergessen, dass es eine Clara in der Welt gebe, die er sonst geliebt; – die Mutter – Lothar – alle waren aus seinem Gedächtnis entschwunden, er lebte nur für Olimpia, bei der er täglich stundenlang saß und von seiner Liebe, von zum Leben erglühter Sympathie, von psychischer Wahlverwandtschaft[2] fantasierte, welches alles Olimpia mit großer Andacht anhörte. Aus dem tiefsten Grunde des Schreibpults holte Nathanael alles hervor, was er jemals geschrieben. Gedichte, Fantasien, Visionen, Romane, Erzählungen, das wurde täglich vermehrt mit allerlei ins Blaue fliegenden Sonetten, Stanzen, Kanzonen[3], und das alles las er der Olimpia

---

1 ursprünglich altägyptisches, schwer oder gar nicht lesbares Schriftzeichen; als dem rationalen, aufgeklärten Zugang entzogenes Geheimzeichen bei vielen romantischen Dichtern ein zentraler Begriff

2 ursprünglich aus der Chemie stammender Terminus, der die Verbindung verschiedener Stoffe über zueinander passende Elemente meint; Hoffmann spielt hier auf Goethes Roman „Die Wahlverwandtschaften" an, in dem das komplizierte Beziehungsgeflecht zweier Paare geschildert wird.

3 verschiedene Gedicht- bzw. Strophenformen, die in der Romanik, dem ersten universalen Kunststil des europäischen Mittelalters, entstanden

stundenlang hintereinander vor, ohne zu ermüden. Aber auch noch nie hatte er eine solche herrliche Zuhörerin gehabt. Sie stickte und strickte nicht, sie sah nicht durchs Fenster, sie fütterte keinen Vogel, sie spielte mit keinem Schoßhündchen, mit keiner Lieblingskatze, sie drehte kein Papierschnitzchen oder sonst etwas in der Hand, sie durfte kein Gähnen durch einen leise erzwungenen Husten bezwingen – Kurz! – Stundenlang sah sie mit starrem Blick unverwandt dem Geliebten ins Auge, ohne sich zu rücken und zu bewegen und immer glühender, immer lebendiger wurde dieser Blick. Nur wenn Nathanael endlich aufstand und ihr die Hand, auch wohl den Mund küsste, sagte sie: „Ach, Ach!“ – dann aber: „Gute Nacht, mein Lieber!“ – „O du herrliches, du tiefes Gemüt“, rief Nathanael auf seiner Stube: „Nur von dir, von dir allein werd ich ganz verstanden.“ Er erbebte vor innerem Entzücken, wenn er bedachte, welch wunderbarer Zusammenklang sich in seinem und Olimpias Gemüt täglich mehr offenbare; denn es schien ihm, als habe Olimpia über seine Werke, über seine Dichtergabe überhaupt recht tief aus seinem Innern gesprochen, ja als habe die Stimme aus seinem Innern selbst herausgetönt. Das musste denn wohl auch sein; denn mehr Worte als vorhin erwähnt sprach Olimpia niemals. Erinnerte sich aber auch Nathanael in hellen nüchternen Augenblicken, z.B. morgens gleich nach dem Erwachen, wirklich an Olimpias gänzliche Passivität und Wortkargheit, so sprach er doch: „Was sind Worte – Worte! – Der Blick Ihres himmlischen Auges sagt mehr als jede Sprache hienieden. Vermag denn überhaupt ein Kind des Himmels sich einzuschichten in den engen Kreis, den ein klägliches irdisches Bedürfnis gezogen?“ – Professor Spalanzani schien hocherfreut über das Verhältnis seiner Tochter mit Nathanael; er gab diesem allerlei unzweideutige Zeichen seines Wohlwollens und als es Nathanael endlich wagte, von ferne auf eine Verbindung mit Olimpia anzuspielen, lächelte dieser mit dem ganzen Gesicht und meinte: Er werde seiner Tochter völlig freie Wahl lassen. – Ermutigt durch diese Worte, brennendes Verlangen im Herzen, beschloss Nathanael, gleich am folgenden Tage Olimpia anzuflehen, dass sie das unumwunden in deutlichen Worten ausspreche, was längst ihr holder Liebesblick ihm gesagt, dass sie sein Eigen immerdar sein wolle. Er suchte nach dem Ringe, den ihm beim Abschiede die Mutter geschenkt, um ihn Olimpia als Symbol seiner Hingebung, seines mit ihr aufkeimenden blühenden Lebens darzureichen. Claras, Lothars Briefe fielen ihm dabei in die Hände; gleichgültig warf er sie beiseite, fand den Ring, steckte ihn ein und rannte herüber zu Olimpia. Schon auf der Treppe, auf dem Flur, vernahm er ein wunderliches Getöse; es schien aus Spalanzanis Studierzimmer herauszuschallen. – Ein Stampfen – ein Klirren – ein Stoßen – Schlagen gegen die Tür, dazwischen Flüche und Verwünschungen. „Lass los – lass los – Infamer – Verruchter! – Darum Leib und Leben daran gesetzt? – ha ha ha ha! – So haben wir nicht gewettet – ich, ich hab die Augen gemacht – ich das Räderwerk – dummer Teufel mit deinem Räderwerk – verfluchter Hund von einfältigem Uhrmacher – fort mit dir – Satan – halt – Puppendreher – teuflische Bestie! – halt – fort – lass los!“ – Es waren Spalanzanis und des grässlichen Coppelius Stimmen, die so durcheinander schwirrten und tobten. Hinein stürzte Nathanael, von namenloser Angst ergriffen. Der Professor hatte eine weibliche Figur bei den Schultern gepackt, der Italiener Coppola bei den Füßen, die zerrten und zogen sie hin und her, streitend in voller Wut um den Besitz. Voll tiefen Entsetzens prallte Nathanael zurück, als er die Figur für Olimpia erkannte; aufflammend in wildem Zorn wollte er den Wütenden die Geliebte entreißen, aber in dem Augenblick wand Coppola sich mit Riesenkraft drehend die Figur dem Professor aus den Händen und versetzte ihm mit der Figur selbst einen fürchterlichen Schlag, dass er rücklings über den Tisch, auf dem Phiolen[1], Retorten[2], Flaschen, gläserne Zylinder standen, taumelte und hinstürzte; alles Gerät klirrte in tausend Scherben zusammen. Nun warf Coppola die Figur über die Schulter und

1 kugelförmige Glasflasche mit langem Hals
2 urspr. der Destillation dienendes Glasgefäß

rannte mit fürchterlich gellendem Gelächter rasch fort die Treppe herab, sodass die hässlich herunterhängenden Füße der Figur auf den Stufen hölzern klapperten und dröhnten. – Erstarrt stand Nathanael – nur zu deutlich hatte er gesehen, Olimpias toderbleichtes Wachsgesicht hatte keine Augen, statt ihrer schwarze Höhlen; sie war eine leblose Puppe. Spalanzani wälzte sich auf der Erde, Glasscherben hatten ihm Kopf, Brust und Arm zerschnitten, wie aus Springquellen strömte das Blut empor. Aber er raffte seine Kräfte zusammen. – „Ihm nach – ihm nach, was zauderst du? – Coppelius – Coppelius, mein bestes Automat hat er mir geraubt – Zwanzig Jahre daran gearbeitet – Leib und Leben daran gesetzt – das Räderwerk – Sprache – Gang – mein – die Augen – die Augen dir gestohlen. – Verdammter – Verfluchter – ihm nach – hol mir Olimpia – da hast du die Augen! –“ Nun sah Nathanael, wie ein Paar blutige Augen auf dem Boden liegend ihn anstarrten, die ergriff Spalanzani mit der unverletzten Hand und warf sie nach ihm, dass sie seine Brust trafen. – Da packte ihn der Wahnsinn mit glühenden Krallen und fuhr in sein Inneres hinein, Sinn und Gedanken zerreißend. „Hui – hui – hui! – *Feuerkreis* – *Feuerkreis*! Dreh dich *Feuerkreis* – lustig – lustig! – Holzpüppchen hui schön Holzpüppchen dreh dich – “, damit warf er sich auf den Professor und drückte ihm die Kehle zu. Er hätte ihn erwürgt, aber das Getöse hatte viele Menschen herbeigelockt, die drangen ein, rissen den wütenden Nathanael auf und retteten so den Professor, der gleich verbunden wurde. Siegmund, so stark er war, vermochte nicht den Rasenden zu bändigen; der schrie mit fürchterlicher Stimme immer fort: „Holzpüppchen dreh dich“ und schlug um sich mit geballten Fäusten. Endlich gelang es der vereinten Kraft mehrerer, ihn zu überwältigen, indem sie ihn zu Boden warfen und banden. Seine Worte gingen unter in entsetzlichem tierischen Gebrüll. So in grässlicher Raserei tobend wurde er nach dem Tollhause gebracht. –

Ehe ich, günstiger Leser! dir zu erzählen fortfahre, was sich weiter mit dem unglücklichen Nathanael zugetragen, kann ich dir, solltest du einigen Anteil an dem geschickten Mechanicus und Automat-Fabrikanten Spalanzani nehmen, versichern, dass er von seinen Wunden völlig geheilt wurde. Er musste indes die Universität verlassen, weil Nathanaels Geschichte Aufsehen erregt hatte und es allgemein für gänzlich unerlaubten Betrug gehalten wurde, vernünftigen Teezirkeln[1] (Olimpia hatte sie mit Glück besucht) statt der lebendigen Person eine Holzpuppe einzuschwärzen. Juristen nannten es sogar einen feinen und umso härter zu bestrafenden Betrug, als er gegen das Publikum gerichtet und so schlau angelegt worden, dass kein Mensch (ganz kluge Studenten ausgenommen) es gemerkt habe, unerachtet jetzt alle weise tun und sich auf allerlei Tatsachen berufen wollten, die ihnen verdächtig vorgekommen. Diese Letzteren brachten aber eigentlich nichts Gescheutes zu Tage. Denn konnte z. B. wohl irgendjemandem verdächtig vorgekommen sein, dass nach der Aussage eines eleganten Teeisten[2] Olimpia gegen alle Sitte öfter genieset als gegähnt hatte? Ersteres, meinte der Elegant, sei das Selbstaufziehen des verborgenen Triebwerks gewesen, merklich habe es dabei geknarrt usw. Der Professor der Poesie und Beredsamkeit nahm eine Prise, klappte die Dose zu, räusperte sich und sprach feierlich: „Hochzuverehrende Herren und Damen! Merken Sie denn nicht, wo der Hase im Pfeffer liegt? Das Ganze ist eine Allegorie – eine fortgeführte Metapher![3] – Sie verstehen mich! – Sapienti sat![4]" Aber viele hochzuverehrende Herren beruhigten

---

1 Während die Romantik selbst eine eigene Salonkultur entwickelte, die auch den sonst gesellschaftlich unbeachteten Frauen eine seltene Gelegenheit zu intellektuellem Austausch bot, traf sich die damalige bildungsbürgerliche Gesellschaft in sog. Teezirkeln. Aus Sicht vieler kritischer Romantiker war hier jedoch das geist- und seelenlose, philisterhafte Wissen über bestimmte Werke wichtiger als persönliche und authentische Ergriffenheit.

2 modebewusster Teilnehmer an eben jenen Teezirkeln

3 Für den Rhetorik-Professor ist die „Geschichte mit dem Automat" nur ein sinnbildliches Gleichnis, dem nur übertragene Bedeutung zukomme und das in der Realität daher nie stattgefunden habe.

4 (lat.) „Genug für den Verständigen!": Es bedarf keiner weiteren Erklärung für den Eingeweihten.

sich nicht dabei; die Geschichte mit dem Automat hatte tief in ihrer Seele Wurzel gefasst und es schlich sich in der Tat abscheuliches Misstrauen gegen menschliche Figuren ein. Um nun ganz überzeugt zu werden, dass man keine Holzpuppe liebe, wurde von mehrern Liebhabern verlangt, dass die Geliebte etwas taktlos singe und tanze, dass sie beim Vorlesen sticke, stricke, mit dem Möpschen spiele usw., vor allen Dingen aber, dass sie nicht bloß höre, sondern auch manchmal in *der* Art spreche, dass dies Sprechen wirklich ein Denken und Empfindung voraussetze. Das Liebesbündnis vieler wurde fester und dabei anmutiger, andere dagegen gingen leise auseinander. „Man kann wahrhaftig nicht dafür stehen", sagte dieser und jener. In den Tees wurde unglaublich gegähnt und niemals genieset, um jedem Verdacht zu begegnen. – Spalanzani musste, wie gesagt, fort, um der Kriminaluntersuchung wegen der menschlichen Gesellschaft betrüglicherweise eingeschobenen Automats zu entgehen. Coppola war auch verschwunden. – Nathanael erwachte wie aus schwerem, fürchterlichem Traum, er schlug die Augen auf und fühlte, wie ein unbeschreibliches Wonnegefühl mit sanfter himmlischer Wärme ihn durchströmte. Er lag in seinem Zimmer in des Vaters Hause auf dem Bette, Clara hatte sich über ihn hingebeugt und unfern standen die Mutter und Lothar. „Endlich, endlich, o mein herzlieber Nathanael – nun bist du wieder mein!" – So sprach Clara recht aus tiefer Seele und fasste den Nathanael in ihre Arme. Aber dem quollen vor lauter Wehmut und Entzücken die hellen glühenden Tränen aus den Augen und er stöhnte tief auf: „Meine – meine Clara!" – Siegmund, der getreulich ausgeharrt bei dem Freunde in großer Not, trat herein. Nathanael reichte ihm die Hand: „Du treuer Bruder hast mich doch nicht verlassen." – Jede Spur des Wahnsinns war verschwunden, bald erkräftigte sich Nathanael in der sorglichen Pflege der Mutter, der Geliebten, der Freunde. Das Glück war unterdessen in das Haus eingekehrt; denn ein alter karger Oheim[1], von dem niemand

[1] veraltet für „Onkel"

etwas gehofft, war gestorben und hatte der Mutter nebst einem nicht unbedeutenden Vermögen ein Gütchen in einer angenehmen Gegend unfern der Stadt hinterlassen. Dort wollten sie hinziehen, die Mutter, Nathanael mit seiner Clara, die er nun zu heiraten gedachte, und Lothar. Nathanael war milder, kindlicher geworden, als er je gewesen, und erkannte nun erst recht Claras himmlisch reines, herrliches Gemüt. Niemand erinnerte ihn auch nur durch den leisesten Anklang an die Vergangenheit. Nur, als Siegmund von ihm schied, sprach Nathanael: „Bei Gott Bruder! Ich war auf schlimmem Wege, aber zu rechter Zeit leitete mich ein Engel auf den lichten Pfad! – Ach es war ja Clara! –" Siegmund ließ ihn nicht weiterreden, aus Besorgnis, tief verletzende Erinnerungen möchten ihm zu hell und flammend aufgehen. – Es war an der Zeit, dass die vier glücklichen Menschen nach dem Gütchen ziehen wollten. Zur Mittags- stunde gingen sie durch die Straßen der Stadt. Sie hatten manches eingekauft, der hohe Ratsturm warf seinen Riesenschatten über den Markt. „Ei!", sagte Clara, „steigen wir doch noch einmal herauf und schauen in das ferne Gebirge hinein!" Gesagt, getan! Beide, Nathanael und Clara, stiegen herauf, die Mutter ging mit der Dienstmagd nach Hause, und Lothar, nicht geneigt, die vielen Stufen zu erklettern, wollte unten warten. Da standen die beiden Liebenden Arm in Arm auf der höchsten Galerie des Turmes und schauten hinein in die duftigen Waldungen, hinter denen das blaue Gebirge wie eine Riesenstadt sich erhob.

„Sieh doch den sonderbaren kleinen grauen Busch, der ordentlich auf uns los zu schreiten scheint", frug Clara. – Nathanael fasste mechanisch nach der Seitentasche; er fand Coppolas Perspektiv, er schaute seitwärts – Clara stand vor dem Glase! – Da zuckte es krampfhaft in seinen Pulsen und Adern – totenbleich starrte er Clara an, aber bald glühten und sprühten Feuerströme durch die rollenden Augen, grässlich brüllte er auf, wie ein gehetztes Tier; dann sprang er hoch in die Lüfte und grausig dazwischen lachend schrie er in schneidendem Ton: „Holzpüppchen dreh dich – Holzpüppchen dreh dich"

– und mit gewaltiger Kraft fasste er Clara und wollte sie herabschleudern, aber Clara krallte sich in verzweifelnder Todesangst fest an das Geländer. Lothar hörte den Rasenden toben, er hörte Claras Angstgeschrei, grässliche Ahnung durchflog ihn, er rannte herauf, die Tür der zweiten Treppe war verschlossen – stärker hallte Claras Jammergeschrei. Unsinnig vor Wut und Angst stieß er gegen die Tür, die endlich aufsprang – matter und matter wurden nun Claras Laute: „Hülfe – rettet – rettet –", so erstarb die Stimme in den Lüften. „Sie ist hin – ermordet von dem Rasenden", so schrie Lothar. Auch die Tür zur Galerie war zugeschlagen. – Die Verzweiflung gab ihm Riesenkraft, er sprengte die Tür aus den Angeln. Gott im Himmel – Clara schwebte von dem rasenden Nathanael erfasst über der Galerie in den Lüften – nur mit einer Hand hatte sie noch die Eisenstäbe umklammert. Rasch wie der Blitz erfasste Lothar die Schwester, zog sie hinein und schlug in demselben Augenblick mit geballter Faust dem Wütenden ins Gesicht, dass er zurückprallte und die Todesbeute fahren ließ. Lothar rannte herab, die ohnmächtige Schwester in den Armen. – Sie war gerettet. Nun raste Nathanael herum auf der Galerie und sprang hoch in die Lüfte und schrie: „*Feuerkreis* dreh dich – *Feuerkreis* dreh dich" – Die Menschen liefen auf das wilde Geschrei zusammen; unter ihnen ragte riesengroß der Advokat Coppelius hervor, der eben in die Stadt gekommen und gerades Weges nach dem Markt geschritten war. Man wollte herauf, um sich des Rasenden zu bemächtigen, da lachte Coppelius sprechend: „Ha ha – wartet nur, der kommt schon herunter von selbst" und schaute wie die Übrigen hinauf. Nathanael blieb plötzlich wie erstarrt stehen, er bückte sich herab, wurde den Coppelius gewahr und mit dem gellenden Schrei: „Ha! Sköne Oke – Sköne Oke" sprang er über das Geländer. –

Als Nathanael mit zerschmettertem Kopf auf dem Steinpflaster lag, war Coppelius im Gewühl verschwunden. –

Nach mehreren Jahren will man in einer entfernten Gegend Clara gesehen haben, wie sie mit einem freundlichen Mann Hand in Hand vor der Türe eines schönen Landhauses saß und vor ihr zwei muntre Knaben spielten. Es wäre daraus zu schließen, dass Clara das ruhige häusliche Glück noch fand, was ihrem heitern lebenslustigen Sinn zusagte und das ihr der im Innern zerrissene Nathanael niemals hätte gewähren können.

Anhang

I. Zur Biografie

Ein Selbstbildnis

E.T.A. Hoffmann: Selbstbildnis (1809). Lithografie nach einer Zeichnung Hoffmanns mit dem Zusatz „sehr ähnlich"

Ernst Theodor Amadeus Hoffmann – Eine Kurzbiografie

*24. 1. 1776 *in Königsberg*
†25. 6. 1822 *in Berlin*

Auf dem Grabstein E.T.A. Hoffmanns in Berlin stehen die Worte „Ausgezeichnet im Amte, als Dichter, als Tonkünstler, als Maler", und tatsächlich hat er in allen diesen Bereichen Außerordentliches geleistet. Geboren wurde er in Königsberg. Sein trunksüchtiger Vater ließ die Familie bald nach der Geburt des Sohnes im Stich. Unter der freudlosen Jugend und deren Nachwirkungen litt Hoffmann sein ganzes Leben. Er schlug die Juristenlaufbahn ein, wurde 1800 Assessor, verlor aber in den Wirren der Napoleonischen Kriege seine Stellung und schlug sich von 1808 bis 1813 als Kapellmeister in Bamberg, Leipzig und Dresden durch. 1814 trat er wieder als Rat beim Kammergericht in Berlin ein und starb dort – als ausgezeichneter und angesehener Beamter – 1822, gerade erst 46 Jahre alt.

Künstlerisch war er ungemein vielseitig begabt. Schon als Kind wurde er früh „mit Musik geplagt", und dank seiner Begabung konnte er später jahrelang seinen Lebensunterhalt damit verdienen. Aus Begeisterung für Mozart nahm er den Vornamen Amadeus an. Er erreichte zwar nicht dessen musikalische Größe, schuf aber durchaus beachtenswerte Kompositionen, die auch heute noch aufgeführt werden. Dank seines ausgeprägten zeichnerischen Talents schuf er manche Karikaturen und Illustrationen zu seinen dichterischen Werken.

Der Dichter Hoffmann hinterließ ein umfangreiches Erzählwerk, das wie ein spukhafter dämonischer Traum anmutet und die deutsche Romantik vor allem in Frankreich und Amerika (USA) berühmt machte und dort manchem Schriftsteller als Vorbild diente (z. B. E. A. Poe). 1815 begann er mit *Fantasiestücken in Callots Manier* (Callot war der Schöpfer fantastischer und unheimlicher Kupferstiche). Es entstand der berühmte *Goldene Topf*, die Geschichte vom Studenten Anselmus, der mitten aus einem bürgerlichen Sonntagsvergnügen in eine Zauberwelt gerät und die schöne Tochter des Zauberers gewinnt. Unter den Musiknovellen dieser Sammlung ragt der an Mozart anknüpfende *Don Juan* hervor. Auch die von 1819 bis 1821 entstandenen *Serapionsbrüder* bieten große Erzählungen: *Doge und Dogaresse* spielt im spätmittelalterlichen Venedig und besticht durch anziehende Schilderungen des Volkslebens. *Meister Martin der Küfner und seine Gesellen* führt ins alte Nürnberg und regte durch die Darstellung des Handwerkerlebens Richard Wagner zu den *Meistersingern von Nürnberg* an. Im *Fräulein von Scuderi* wird ein besessener Goldschmied im Paris Ludwigs XIV. zu einem gefährlichen Verbrecher. Bei Hoffmann finden sich häufig bestimmte Stilmittel: Genaue Beschreibungen von Details lassen den Leser glauben, das Erzählte sei wirklich und wahr, doch unversehens gleiten die Vorgänge ins Fantastische, Märchenhafte oder Dämonische ab, um dann wieder in die Wirklichkeit einzuschwenken. Da wandern am hellen Tag Gespenster durch die Gegend, Tod verwandelt sich in Leben, Leben in Tod. Viele Motive unserer modernen Fantasy-Erzählungen hat er schon vorweggenommen.

Der Roman *Die Elixiere des Teufels* gleicht einem wirren Fiebertraum. Um sein fluchbeladenes Geschlecht zu entsühnen, tritt der junge Medardus als frommer Bruder in ein Kloster ein, wird aber durch einen Teufelstrank überwältigt und in Verbrechen und Wahnsinn gehetzt, bis er endlich Erlösung findet. Hoffmann behandelt hier das Thema des Doppel-Ichs in Verbindung mit einer grausamen Vererbungstheorie. In den *Lebens-Ansichten des Katers Murr* schildert der biedere, bürgerliche und biedermeierliche Kater Murr sein behagliches Leben, doch ist in die Darstellung die gegensätzliche Lebensgeschichte des Kapellmeisters Kreisler eingesprengt, der ein Ebenbild Hoffmanns ist und dessen fein empfindende, bizarre Künstlerseele schließlich in jenem Wahnsinn endet, den Hoffmann selbst oft befürchtete: „Die Wochentage bin ich Jurist, höchstens etwas Musiker, sonntags am Tag wird gezeichnet und abends bin ich ein sehr witziger Autor“ und geistreicher Plauderer, der sich jahrelang mit dem Schauspieler Devrient und anderen Berliner Persönlichkeiten in der berühmten Weinstube von Lutter und Wegner traf. Beliebt und noch heute gelesen sind seine Märchen *Klein Zaches* (1819) und *Meister Floh* (1822). Sein Leben und künstlerisches Gesamtwerk wirkten nachhaltig auch auf die Musikentwicklung. Robert Schumann setzte in seinem Musikstück *Kreisleriana* das Lebensgefühl des Dichters in Musik, und Jacques Offenbach entnahm u.a. der Erzählung *Rat Krespel* die Motive zu seiner Oper *Hoffmanns Erzählungen*.

Aus: dtv junior Literatur-Lexikon. Herausgegeben von Heinrich Pleticha. Cornelsen Verlag und Deutscher Taschenbuch Verlag. Berlin, München [9]1996, S. 161f.

Federzeichnung E.T.A. Hoffmanns zu „Der Sandmann"

2. Ein Kurzüberblick zur Epoche der Romantik

Die Begriffe „romantisch", „Romantik" werden alltagssprachlich durchaus häufig verwandt. Dabei ist den meisten Nutzern nur wenig bekannt über die Herkunft und ursprüngliche Bedeutung des Wortes. Es dient heute meist der Umschreibung einer harmonischen (Natur- oder Liebes-)Idylle. Wo liegen die Gründe dafür, dass sich in Verbindung mit dem Ausruf „Das ist aber romantisch!" bei unterschiedlichen Menschen oft ähnliche Assoziationen einstellen wie „Gefühl", „Sehnsucht" oder „Stimmung"?

Der Begriff

„Romantisch" stammt etymologisch aus den altfranzösischen Substantiven „romanz", „roman" und bezeichnet die in der Volkssprache (im Unterschied zum gepflegten Latein) geschriebenen höfischen Versromane; die *Sprachbezeichnung* wird schließlich als *Gattungsbegriff* verwendet. Im 17. Jahrhundert bedeutete „romantisch" demgemäß „wie in Romanen", und zwar wurde das Wort im pejorativen[1] Sinn gebraucht. Gegen Ende des 18. Jahrhunderts (die Aufklarungspoetik hatte zu einer Aufwertung bzw. Rechtfertigung des Wunderbaren, Fantastischen beigetragen) hatte das Wort eine sentimentale Bedeutung; in diesem Sinne spricht Werther von der „lieben romantischen Höhle". In der Empfindsamkeit war das Romantische dem Nüchternen, Philisterhaften entgegengesetzt; diesen Wortgebrauch griffen die Romantiker auf. August Wilhelm Schlegel allerdings verstand den *Begriff historisch* zur Bezeichnung der mittelalterlichen und neuzeitlichen im Gegensatz zur klassisch-antiken Literatur. Eine andere Bedeutung erhielt der Begriff bei Friedrich Schlegel und Novalis, für die Poesie im Gegensatz zur Nachahmung der Natur (Wirklichkeitsabbildung) stand; romantisch war in diesem Sinne gleichbedeutend mit poetisch.

[1] pejorativ = bedeutungsverschlechternd, abwertend

Die Ideen

Die Romantik steht im Zeichen einer *Selbstkritik der neuzeitlichen Aufklärung*, sofern sich diese Rationalität als Herrschaft ökonomischer, zweckrationaler Denkweisen versteht. Der Philister galt den Romantikern als Repräsentant dieser Denk- und Lebensweise. Die Romantiker erlebten ihre Zeit als eine Phase des Umbruchs, der Brüchigkeit der alten politischen, wirtschaftlichen und gesellschaftlichen Strukturen; sie lebten in einer politischen Bewusstseins- und Systemkrise, auf die sie mit ihrer Kunst auf unterschiedliche Weise antworteten.

Die Epoche

In der Literaturgeschichte unterscheidet man drei verschiedene Phasen: die *Frühromantik*, die *Hochromantik* und die *Spätromantik*. Ein großer Teil der zur *Frühromantik* (1797–1804) gerechneten Dichter hatte sich 1798 in Dresden getroffen; ein Jahr später kam es zur Begegnung in Jena. 1798 begannen die Brüder Schlegel mit der Herausgabe der Zeitschrift „Athenäum“.
1806 war das Jahr des preußischen Zusammenbruchs nach der Niederlage bei Jena und Auerstedt. Eine andere Gruppe von Dichtern – zwischen den Gruppierungen gab es Verbindungen – hatte 1805/06 eine Sammlung von Volksliedern unter dem Titel „Des Knaben Wunderhorn“ herausgegeben. Achim von Arnim und Clemens Brentano, die beiden Herausgeber, gehörten zu dem Zentrum, das in Heidelberg entstand (*Heidelberger oder Hochromantik*, etwa 1805–1815); ihnen ging es darum, durch den Rückgriff auf die volkstümliche Literatur die schöpferischen Kräfte des deutschen „Volksgeistes“ zu wecken. Auch Berlin war Mittelpunkt romantischer Gruppierungen: August Wilhelm und Friedrich Schlegel, Adalbert von Chamisso, E.T.A. Hoffmann, Achim von Arnim und Clemens Brentano sowie Heinrich von Kleist gehörten – zu unterschiedlichen Zeiten – dazu. Der Widerspruch zwischen der Sehnsucht nach Poesie und der Prosa des bürgerlichen Alltags prägte

noch einmal im romantischen Sinne nach 1820 veröffentlichte Dichtungen, z.B. von Joseph von Eichendorff, den man der Spätromantik zuordnet, der aber im Bewusstsein der späteren Leser der ‚romantischste' Dichter geworden ist.

Europäische Romantik

[Sie] konstituierte sich in der Rückbesinnung auf die nationalen Traditionen (Rousseau, Shakespeare, Calderón u.a.) unter dem Einfluss deutscher Ideen und literarischer Beispiele, erhielt aber in jedem Land ein eigentümliches Gepräge.

In: Peter Mettenleiter/Stephan Knöbl (Hg.): Blickfeld Deutsch Oberstufe. Paderborn: Schöningh 2003, S. 273

Caspar David Friedrich, Mondaufgang am Meer, 1822

3. Ausgewählte Quellen der Romantik

So hilfreich Epochenbegriffe als „regulative Ideen“ (Kant) auch sind, so deutlich wird jedoch gerade auch mit Blick auf eine so vielschichtige Epoche wie die der Romantik ihre Problematik. Schon die knappe Auswahl der folgenden Quellen macht deutlich, dass es die Romantik an sich nicht gibt. Vielmehr liegen die Interessen der Autoren in oft sogar gegensätzlichen Bereichen. Gemeinsam ist den meisten aber ein tief empfundenes Unbehagen und Leiden an der gesellschaftlichen Lebensrealität der damaligen Zeit. Aufklärung, Fortschrittseuphorie, Rationalität und Industrialisierung hatten aus Sicht der Romantiker die ursprüngliche, das Leben bereichernde Vieldimensionalität des menschlichen Daseins radikal beschnitten. Dementsprechend betonen viele Autoren von der aufgeklärten Gesellschaft und Wissenschaft vernachlässigte und verschwiegene Aspekte wie den Traum, die Fantasie, das Märchen, Volkstümliches und Kindliches, Grausiges und Schrecken Erregendes, die Nacht, den Wald, das Mittelalter – generell die Sehnsucht nach einem ganzheitlichen Leben des Individuums in Einheit mit Gesellschaft und Natur.

Novalis: Wenn nicht mehr Zahlen und Figuren (1800)

Wenn nicht mehr Zahlen und Figuren
Sind Schlüssel aller Kreaturen
Wenn die so singen, oder küssen,
Mehr als die Tiefgelehrten wissen,
Wenn sich die Welt ins freie Leben
Und in die Welt wird zurückbegeben,
Wenn dann sich wieder Licht und Schatten
Zu echter Klarheit wieder gatten,
Und man in Märchen und Gedichten
Erkennt die wahren Weltgeschichten,
Dann fliegt vor Einem geheimen Wort
Das ganze verkehrte Wesen fort.

Aus: Novalis (1800): Wenn nicht mehr Zahlen und Figuren. In: Werke, Tagebücher und Briefe Friedrich von Hardenbergs. Hans-Joachim Mähl/ Richard Samuel (Hg.). Bd. 1. München: Hanser 1978, S. 395

Joseph Freiherr von Eichendorff: Mondnacht (1837)

Es war, als hätt der Himmel
Die Erde still geküsst,
Dass sie im Blüten-Schimmer
Von ihm nun träumen müsst.

Die Luft ging durch die Felder,
Die Ähren wogten sacht.
Es rauschten leis die Wälder,
So sternklar war die Nacht.

Und meine Seele spannte
Weit ihre Flügel aus,
Flog durch die stillen Lande,
Als flöge sie nach Haus.

Aus: Ders.: Werke und Schriften. Hg. von G. Baumann. Stuttgart 1957, Bd. 1, S. 306

Caspar David Friedrich (1774–1840): Mann und Frau den Mond betrachtend, um 1824

Ludwig Tieck: Franz Sternbalds Wanderungen (Auszug, 1. Buch, 3. Kapitel)

Durch einige Lindenbäume warf die Sonne schräge Strahlen in sein Gemach, und Franz stand auf und kleidete sich hurtig an: Er sah mit festen Augen durch den reinen blauen Himmel, und alle seine Plane (sic!) wurden lebendiger in ihm, sein Herz schlug höher, alle Gefühle seiner Brust erklangen geläuterter. Er hätte jetzt mit der Farbenpalette vor einer großen Tafel stehn mögen, und er hätte dreist die kühnen Figuren hingezeichnet, die sich in seiner Brust bewegten. Der frische Morgen gibt dem Künstler Stärkung, und in den Strahlen des Frührots regnet Begeisterung auf ihn herab: Der Abend löst und schmelzt seine Gefühle, er weckt Ahndungen und unerklärliche Wünsche in ihm auf, er fühlt dann näher, dass jenseits dieses Lebens ein andres kunstreicheres liege, und sein inwendiger Genius schlägt oft vor Sehnsucht mit den Flügeln, um sich freizumachen und hineinzuschwärmen in das Land, das hinter den goldnen Abendwolken liegt. [...]

Franz hatte in dieser Stadt einen Brief von Dürer an einen Mann abzugeben, der der Vorsteher einer ansehnlichen Fabrik war. Er ging zu ihm und traf ihn gerade in Geschäften, sodass Herr Zeuner den Brief nur sehr flüchtig las und mit dem jungen Sternbald nur wenig sprechen konnte, er bat ihn aber, zum Mittagessen wiederzukommen.

Franz ging betrübt durch die Gassen der Stadt und fühlte sich ganz fremd. Zeuner hatte für ihn etwas Zurückstoßendes und Kaltes, und er hatte eine sehr freundliche Aufnahme erwartet, da er einen Brief von seinem ihm so teuren Lehrer brachte. Als es Zeit zum Mittagessen war, ging er nach Zeuners Hause zurück, das eins der größten in der Stadt war; mit Bangigkeit schritt er die großen Treppen hinauf und durch den prächtig verzierten Vorsaal; im ganzen Hause merkte man, dass man sich bei einem reichen Manne befinde. Er ward in einen Saal geführt, wo eine stattliche Versammlung von Herren und Damen, alle mit schönen Kleidern angetan, nur auf den Augenblick des

Essens zu warten schienen. Nur wenige bemerkten ihn, und die zufälligerweise ein Gespräch mit ihm anfingen, brachen bald wieder ab, als sie hörten, dass er ein Maler sei. Jetzt trat der Herr des Hauses herein, und alle drängten sich mit höflichen und freundlichen Glückwünschen um ihn herum: Jeder ward freundlich von ihm bewillkommt, auch

Caspar David Friedrich: Mönch am Meer (1808–1810)

Franz im Vorbeigehn. Dieser hatte sich in eine Ecke des Fensters zurückgezogen und sah mit Bangigkeit und schlagendem Herzen auf die Gasse hinunter, denn es war zum ersten Male, dass er sich in einer solchen großen Gesellschaft befand. Wie anders kam ihm hier die Welt vor, da er von anständigen, wohl gekleideten und unterrichteten Leuten über tausend nichtswürdige Gegenstände, nur nicht über die Malerei reden hörte, ob er gleich geglaubt hatte, dass sie jedem Menschen am Herzen liegen müsse und dass man auf ihn, als einen vertrauten Freund Albrecht Dürers, besonders aufmerksam sein würde.

Man setzte sich zu Tische, er saß fast unten. Durch den Wein belebt, ward das Gespräch der Gesellschaft bald munterer, die Frauen erzählten von ihrem Putze; die Männer von ihren mannigfaltigen Geschäften, der Hausherr ließ sich weitläufig darüber aus, wie sehr er nun nach und nach seine Fabrik verbessert habe und wie der Gewinn also umso einträglicher sei. Was den guten Franz besonders ängstigte, war, dass von allen abwesenden reichen Leuten mit einer vorzüglichen Ehrfurcht gesprochen wurde; er fühlte, wie hier das Geld das Einzige sei, was man achte und schätze: er konnte fast kein Wort mitsprechen. Auch die jungen Frauenzimmer waren ihm zuwider, da sie nicht so züchtig und still waren, wie er sie sich vorgestellt hatte, alle setzten ihn in Verlegenheit, er fühlte seine Armut, seinen Mangel an Umgang zum ersten Mal in seinem Leben auf eine bittere Art.

In: Ludwig Tieck: Franz Sternbalds Wanderungen. Studienausgabe. Hg. von Alfred Anger. Stuttgart 1988, S. 27; 35–37

Gedanken zur Poetik

- „Denn das ist der Anfang aller Poesie, den Gang und die Gesetze der vernünftig denkenden Vernunft aufzuheben und uns wieder in die schöne Verwirrung der Fantasie, in das ursprüngliche Chaos der menschlichen Natur zu versetzen.“ (F. Schlegel, Gespräch über die Poesie)
- „Ich möchte fast sagen, das Chaos muss in jeder Dichtung durch den regelmäßigen Flor der Ordnung schimmern.“ (Novalis, Heinrich von Ofterdingen)
- „Die Welt muss romantisiert werden. So findet man den ursprünglichen Sinn wieder. Romantisieren ist nichts als eine qualitative Potenzierung. Das niedere Selbst wird mit einem bessern Selbst in dieser Operation identifiziert. [...] Indem ich dem Gemeinen einen hohen Sinn, dem Bekannten die Würde des Unbekannten, dem Endlichen einen unendlichen Schein gebe, so romantisiere ich es.“ (Novalis, Neue Fragmente)
- „Alle Märchen sind nur Träume von jener heimatlichen Welt, die überall und nirgends ist.“ (Novalis, Neue Fragmente)

- „Erzählungen, ohne Zusammenhang, jedoch mit Assoziationen wie Träume, Gedichte – bloß wohlklingend und voll schöner Worte – aber auch ohne allen Sinn und Zusammenhang – höchstens einzelne Strophen verständlich – sie müssen wie lauter Bruchstücke aus den verschiedenartigsten Dingen sein." (Novalis, Neue Fragmente)

In: Mettenleiter/Knöbl (Hg.): Blickfeld Deutsch Oberstufe. Paderborn: Schöningh 2003. S. 271

4. Wahnsinn und Gesellschaft

Das 19. Jahrhundert ist nicht nur das Zeitalter einer um sich greifenden, den Alltag der Menschen radikal verändernden, modernisierenden Industrialisierung, es markiert zugleich und möglicherweise sogar als Reflex auf diese Tendenz die Entdeckung des Unbewussten, der Tiefendimension des Seelischen. Sigmund Freud sieht in seiner bahnbrechenden Studie über das Unheimliche (1909), die Hoffmanns Erzählung analysiert, Tiefenschichten der menschlichen Psyche und psychosoziale Konflikte der Gesellschaft seiner Zeit behandelt. Nathanaels Angst um seine Augen, seine Angst zu erblinden, deutet Freud als uneingestandene kindliche Kastrationsangst. Entscheidend dabei ist die Ansicht, dass die Ursachen für scheinbar abnorme Verhaltensweisen von Menschen oft in unverarbeiteten, meist frühkindlichen Traumata zu suchen sind. Damit wird zugleich dem optimistischen Fortschrittsglauben an die wachsende Selbstbestimmung und -beherrschung des Individuums die Grundlage entzogen.

Monika Schmitz-Emans: Historische Konzepte des Wahnsinns

Erst im 17. Jahrhundert setzte sich die Deutung des Wahnsinns als Geisteskrankheit durch. Das aufgeklärte 18. Jahrhundert bemüht sich um eine theoretische und praktische Bewältigung des Anderen der Vernunft. [...]
In der Nachfolge Kants unterschied der Leipziger Psychologieprofessor Johann Christoph Hoffbauer verschiedene psychische Krankheiten voneinander, die er als Störungen im Zusammenspiel der einzelnen Erkenntnisvermögen deutete. Laut Hoffbauer (bei dem u.a. Eichendorff hörte) sind u.a. Leidenschaften Auslöser solcher Aberrationen[1], aber auch angespannte Zustände der Einbildungskraft. Daher ist der Dichter in besonderer Gefahr.
Der französische Irrenarzt Philippe Pinel (1745–1826) wird zum Wegbereiter einer humanen Psychologie; weg-

1 geistige Verwirrung, Verstörung

weisend ist auch seine Hinwendung zur Empirie[1]. Allerdings gilt ihm die Vernünftigkeit als Norm, die geistige Erkrankung als Devianz[2], wobei er grundsätzlich auf die Möglichkeit einer Heilung solcher Krankheiten durch die Vernunft setzt. Wahnsinn entsteht nach Pinel dort, wo die Vernunft nicht regiert; häufig aus Affekt, religiösem Fanatismus, enttäuschtem Ehrgeiz, Angst vor Strafen und ähnlichen Zuständen des seelischen Ungleichgewichts – und vor allem aus überspannter Einbildungskraft. Pinel begründet die klinische Psychiatrie und fordert individuelle Beob-

Johann Heinrich Füssli, Nachtmahr (1790/91)

[1] wissenschaftliche Erfahrung im Unterschied zur Theorie
[2] Abweichung von der Norm

achtung der Kranken. Johann Christian Reil, bei dem Eichendorff ebenfalls studierte, etabliert die Psychiatrie in Deutschland. Er schlägt neue Therapieverfahren und eine Reform der Irrenhäuser vor. Wie Hoffbauer geht er von einem vermögenspsychologischen Modell aus und unterscheidet zwischen diversen Seelenvermögen, versucht aber zudem, diesen Ansatz mit der Schelling'schen Naturphilosophie zu verknüpfen, um auf diesem Weg die Ursachen seelischer Krankheiten zu begreifen. Im Gehirn als zentralem seelischen Organ müssen diese ausbalanciert sein. Wo diese Balance fehlt, kommt es zu aberranten Verhaltensweisen. Ähnliche Störungen können erfolgen, wenn das die Sinneswahrnehmungen synthetisierende Selbstbewusstsein Schwächen zeigt. Das Ich bildet demnach einen inneren Haushalt, der in Ordnung sein muss. Unordnung erzeugt Krankheit – sie bewirkt, dass für den Kranken die Welt ihre Ordnung verliert oder sich gemäß einem anderen Ordnungsmuster erschließt, als es für die anderen gilt. Für Schelling ist Verstand nur „geregelter Wahnsinn"; er gründet in diesem, geht aus ihm hervor (Ausgewählte Schriften, Bd. 4, 82).

Die Beziehung des romantischen Ichs zur eigenen Gespaltenheit und inneren Abgründigkeit ist ambig. Als „versteckter Poet" bedeutet die andere Seite des Ichs eine Bereicherung der Alltagsexistenz. Sie verknüpft den Menschen mit den Reichen des Traumes und der Fantasie, erschließt ihm neue Dimensionen der Welt und stimuliert seine Kreativität. Doch als ein Fremdes erzeugt sie auch Angst. Für Reil ist der Wahnsinn eine Krankheit des Bewusstseins, in deren Folge die normalerweise vom Selbstbewusstsein gestiftete Einheit der Person sich auflöst. Reil schildert verschiedene Spielformen dieser Dissoziation[1] der Person. In einer dieser Spielformen der Geisteskrankheit weiß der Wahnsinnige die wahrgenommenen Gegenstände nicht mehr von bloßen Phantomen seiner Fantasie zu unterscheiden. […]

Schöpferische Potenzen liegen einem Kerntopos romantischer Psychologie zufolge in Abgründen des Innern, im Unbewussten – und sie werden freigesetzt, wenn die Kon-

[1] krankhafte Entwicklung zum Zerfall

trollinstanz des Verstandes versagt oder gar ausgeschaltet ist. Dies geschieht im Traum, im Somnambulismus[1] und unter dem Einfluss von Hypnose und Suggestion. Der Wahn gilt nicht allein als ein Zustand, in dem sich die dunkle Seite des Menschen besonders nachhaltig manifestiert, sondern auch als affin[2] zu Zuständen künstlerischer Produktivität, sei es, dass er diese auslöse oder von ihnen ausgelöst werde. Viele romantische Psychologen, Naturphilosophen und Schriftsteller sind überzeugt von der Verwandtschaft zwischen Wahnsinn und Künstlertum. Der Hofrat und Leibarzt C. Hohnbaum erörtert in einem Zeitschriftenartikel von 1818 den Zusammenhang zwischen literarisch-künstlerischer Produktivität und der Inklination[3] zur Verrücktheit. Er beruft sich dabei auf Petrarca, Tasso, Hölty, Gellert, Schiller, Novalis, Heinrich von Kleist und andere Beispiele, um zu illustrieren, dass das Leben des dichterischen Genies oft exzentrisch verlaufe. Jemand, der sich außerhalb der Bahnen bürgerlicher Normalität bewege, der müsse auch eher als andere fürchten, an seinem Geisteszustand Schaden zu nehmen – so der weitgehende Konsens. Wer sich aber trotz gegenteiliger Neigung in den Käfig bürgerlichen Funktionierens sperren lässt, der ist durch die Folgen seines seelischen Ungleichgewichts nicht minder gefährdet. Schon in vorromantischer Zeit ist kaum eine künstlerische Tätigkeit so verdächtig, dem Irresein Vorschub zu leisten, wie die des Dichters. Der Dichter muss eine ausgeprägtere Einbildungskraft besitzen als andere. Je lebhafter nun diese Einbildungskraft, desto größer jedoch die Gefahr, für wirklich zu halten, was nur imaginiert ist. Und wer gewohnheitsmäßig Fiktionen erzeugt, erscheint wie dazu prädisponiert, die Grenze zwischen Erfahrenem und Imaginiertem nicht mehr zu achten, sich in seinen Visionen und Fantasmen zu verlieren. [...]

Monika Schmitz-Emans: Historische Konzepte des Wahnsinns. In: Dies.: Einführung in die Literatur der Romantik. Darmstadt: Wissenschaftliche Buchgesellschaft 2004, S. 72–73

1 Schlafwandeln, Mondsüchtigkeit
2 verwandt, in der Nähe
3 Neigung, Hang

Philipp G. Zimbardo: Kultur und „Wahnsinn“

Alle *Kulturen* stellen bestimmte Regeln (Normen) auf, die zu befolgen sind, und legen Rollen fest, denen die Menschen gerecht werden müssen, wenn sie als normale und akzeptierte Mitglieder der Gemeinschaft anerkannt werden wollen. [...] Das bedeutet, dass es bezüglich dessen, was in unterschiedlichen Gesellschaften als „verrückt“ oder pathologisch beurteilt wird, eine gewisse *kulturelle Relativität* gibt. Was in einem Kontext als pathologisch gelten würde, wird in einem anderen als angemessen betrachtet. Es bedeutet auch, dass in einer bestimmten Gesellschaft einige Arten psychischer Störungen eher zu finden sind als andere [...]. Folglich wird unsere Sicht der Ursprünge und Erscheinungsformen psychischer Abweichungen durch eine *kulturübergreifende Perspektive* erweitert.
Andererseits werden in allen bekannten Kulturen Menschen als *nicht normal (abnormal)* betrachtet, wenn sie (a) unvorhersagbar handeln oder (b) nicht mit anderen kommunizieren. Bei einigen Symptomen psychischer Störungen scheint es sich um *universelle* Manifestationen von Leiden zu handeln. Sie werden in allen Kulturen als pathologische angesehen. [...]
Dieser kulturübergreifende Glaube, dass psychische Störungen eine Form der Disharmonie in den sozialen Beziehungen der Menschen seien, mag auf den ersten Blick altmodisch und unwissenschaftlich erscheinen. Es ist aber zu beachten, dass das Ausmaß, in dem sich das Individuum von einem bedeutungsgebenden sozialen Kontext *isoliert* fühlt oder nicht einem *sozialen Netzwerk* angehört, tatsächlich das Risiko für das Auftreten von Störungen beeinflusst [...]. Bei vielen Fällen von Depression, Selbstmord, Massenmord, Vergewaltigung, Kindesmissbrauch, Zwangsvorstellungen und psychotischen Zuständen ist *Isolation einer der primären Ursachefaktoren. Vielleicht ist soziale Isolation sogar der beste einzelne Prädikator für die meisten pathologischen Reaktionen.*

Aus: Philipp G. Zimbardo: Psychologie. Bearb. und hg. von S. Hoppe-Graff und B. Keller. 5. neu übersetzte und bearbeitete Aufl. Berlin u.a.: Springer 1992. S. 523–524

Philipp G. Zimbardo: Abwehrmechanismen des Ich

Begriff	*Definition*
Kompensation:	Verhüllung einer Schwäche durch Überbetonung eines erwünschten Charakterzuges. Frustration auf einem Gebiet wird aufgewogen durch übermäßige Befriedigung auf einem anderen
Verleugnung:	Schutz vor einer unangenehmen Wirklichkeit durch die Weigerung, sie wahrzunehmen
Verschiebung:	Entladung von aufgestauten, gewöhnlich feindseligen Gefühlen auf Objekte, die weniger gefährlich sind als diejenigen, welche die Emotion ursprünglich erregt haben
Emotionale Isolierung:	Vermeidung traumatischer Erlebnisse durch Rückzug in Passivität
Fantasie:	Befriedigung frustrierter Wünsche durch imaginäre Erfüllung (z. B. „Tagträume")
Identifikation:	Erhöhung des Selbstwertgefühls durch Identifikation mit einer Person oder Institution von hohem Rang
Introjektion:	Einverleibung äußerer Werte und Standardbegriffe in die Ich-Struktur, sodass das Individuum sie nicht mehr als Drohungen von außen erleben muss
Isolierung:	Abtrennung emotionaler Regungen von angstbeladenen Situationen oder Trennung unverträglicher Strebungen durch straffe gedankliche Zergliederung. (Widersprüchliche Strebungen werden zwar beibehalten, treten aber nicht gleichzeitig ins Bewusstsein; man nennt das auch *Kompartimentbildung*)
Projektion:	Übertragung der Missbilligung eigener Unzulänglichkeiten und unmoralischer Wünsche auf andere

Rationalisierung:	Der Versuch, sich einzureden, dass das eigene Verhalten verstandesmäßig begründet und so vor sich selbst und vor anderen gerechtfertigt ist
Reaktionsbildung:	Angstbeladene Wünsche werden vermieden, indem gegenteilige Intentionen und Verhaltensweisen überbetont und diese als „Schutzwall" verwendet werden
Regression:	Rückzug auf eine frühere Entwicklungsstufe mit primitiveren Reaktionen und in der Regel auch niedrigerem Anspruchsniveau
Verdrängung:	Verhinderung des Eindringens unerwünschter oder gefährlicher Impulse ins Bewusstsein

Philipp G. Zimbardo: Kultur und „Wahnsinn". In: Ders.: Psychologie. Bearb. und hg. von S. Hoppe-Graff und B. Keller. 5. neu übersetzte und bearbeitete Auflage. Berlin u.a.: Springer 1992, S. 523–524

Bernd Nitzschke: Gespaltenes Ich

[…] Dem späteren Schizophrenen ist der Aufbau einer integrierten inneren Struktur versagt worden. Er hatte entweder keinen ausreichend stabilen Kontakt zu einer mütterlichen Bezugsperson in der frühen Kindheit – oder er wurde zu einer Lebensgemeinschaft, einem „symbiotischen Kontakt"[1] gezwungen, den er damals nicht zu lösen vermochte. Dadurch blieb er autistisch auf sich selbst bezogen oder aber symbiotisch an eine Bezugsperson gebunden.
In späteren Belastungssituationen, denen Auslösungsfunktion zugeschrieben wird, bricht dann die Krankheit aus. Häufig sind es Trennungserlebnisse oder andere schwere Lebenskrisen, die jeden Menschen in eine emotionale Belastungssituation bringen, aber nicht bei allen zu einer Auflösung der Persönlichkeit führen.

[1] Symbiose: sehr enges Zusammenleben

Umstritten ist freilich, ob ein später schizophren werdender Mensch aus quasi angeborenen Ursachen den Kontakt zur mütterlichen Bezugsperson von sich aus nicht hat aufnehmen können – oder ob ihm dieser Kontakt durch eine „schizophrenogene“ Mutter unmöglich gemacht worden ist. Die Kinderanalytikerin Margaret Mahler neigt nach langjährigem Studium der Mutter-Kind-Beziehung der ersten Auffassung zu. Der amerikanische Schizophrenie-Therapeut Harold Searles meint dagegen, der Schizophrene in spe werde systematisch krank, verrückt gemacht.
Für die zweite These sammelten Familienforscher viele Belege. Sie fanden in Familien von Schizophrenen ein ganzes Repertoire von Strategien, die darauf hinauslaufen, mindestens ein Mitglied der Familie verrückt zu machen. Die bekannteste dieser Strategien ist die sogenannte Double-Bind-Technik, die „Beziehungsfalle“. In ihr ist das Kind ständig widersprüchlichen Informationen ausgesetzt: Verbal erfährt es beispielsweise, dass es geliebt wird, emotional und nonverbal wird ihm gleichzeitig signalisiert, dass es abgelehnt oder gar gehasst wird.
Eine Verarbeitung solcher widersprüchlicher Botschaften ist offenbar nur schwer möglich. Sie rufen möglicherweise mehr als nur die typischen „Wahnwelten“ hervor. Sie könnten auch tatsächlich die physiologische[1] Basis der Informationsverarbeitung im Gehirn angreifen. Zwischen der soziogenetischen[2] und der hirnphysiologischen Erklärung dieser Krankheit müsste also kein prinzipieller Widerspruch bestehen. [...]

Bernd Nitzschke: Gespaltenes Ich, gespaltene Experten. Ist die Schizophrenie nur ein medizinisches Kunstprodukt oder eine Krankheit? In: „DIE ZEIT“ Nr. 8, 13.2.1981, S. 66

1 körperlich, organisch
2 Soziogenese: Entstehung bzw. Entwicklung aufgrund sozialer Verhältnisse

Michael Prechtl: Amor und Psyche untersuchen Freud

Thomas Koebner: Bürger und Familie im 19. Jahrhundert

Die Doppelfunktion des bürgerlichen Vaters, aus der Literatur des ausgehenden 18. und beginnenden 19. Jahrhunderts bekannt, nach innen ein Untertan, nach außen ein Hausherr, scheint im *Sandmann* nicht unwesentlich verändert worden zu sein. Der Vater ist in der eigenen Familie selbst als deren ‚Oberhaupt' kaum mehr gegenwärtig. Man mag sich daran erinnert fühlen, dass Hoffmann selbst in der Obhut eines Onkels aufgewachsen ist, da sich der leibliche Vater von der Familie getrennt hatte.

Die Aushöhlung des patriarchalischen Status verhindert nicht, dass die Männer die Frauen nicht sonderlich ernstnehmen. Nathanael genießt zwar die Zuwendung und Pflege seiner Mutter, unterrichtet sie aber künftig nicht über seinen Lebenskonflikt. Ebenso richtet er seinen ersten Brief, der gleichsam die Vorgeschichte seiner Pein berichtet, an den Freund Lothar – und steckt diesen Brief versehentlich in einen Umschlag, auf den er Claras Namen geschrieben hat. Eine charakteristische Fehlleistung: Eingeübt hat er, bei ernsten Problemen nur Männer anzusprechen, im Widerspruch zu dieser Haltung will er sich aber doch an Clara wenden, von der er sich auch später besonderes Verständnis und bestätigende Einfühlung erhofft. Seine Gereiztheit Clara gegenüber erklärt sich daraus, dass ihm solche kriecherische Zuwendung unter Aufgabe eigener Ansprüche verweigert wird. Im Vaterhause Nathanaels, das noch so heißt, als der Vater schon tot ist, kommt es zu wenig Austausch zwischen den Personen. Nathanael wirkt allein gelassen mit seinen Ängsten, die um die Figur des Sandmanns kreisen. Er wirkt auch allein gelassen mit seinem Ekel – der allerdings auch der Ekel seiner Geschwister ist –, den Coppelius in ihm erregt. Die Vermeidung oder Verkleinerung von Problemen entspricht einer Familienverfassung, bei der die Behauptung des Eigenwerts nicht üblich ist. Coppelius kann wie ein Tyrann gewaltsam in den Ablauf dieser kleinen Welt eingreifen, ohne dass er mit Opposition rechnen müsste. Weder vom Vater noch von der Mutter werden andere Verhaltensweisen als die des ängstlichen Duckens vorgeführt. […]
Hinter der wohlanständigen Fassade des Bürgerhauses, in dem Nathanaels Familie wohnt, rumort es verdächtig. Im Arbeitszimmer gibt es ein verstecktes alchemistisches Kabinett. Unter der Oberfläche willfähriger[1] Friedfertigkeit bei der Person des Vaters enthüllen sich dem Sohn unbegreifliche Begierden, die den Vater sogar einen Bund mit dem Feind der Familie eingehen lassen. Im ersten Stock des ehrbaren Hauses, wo sonst nur Ruhe und Gleichmaß herrschen, gibt es schließlich eine Explosion. Der Student Na-

1 hier: untergeben, unterwürfig

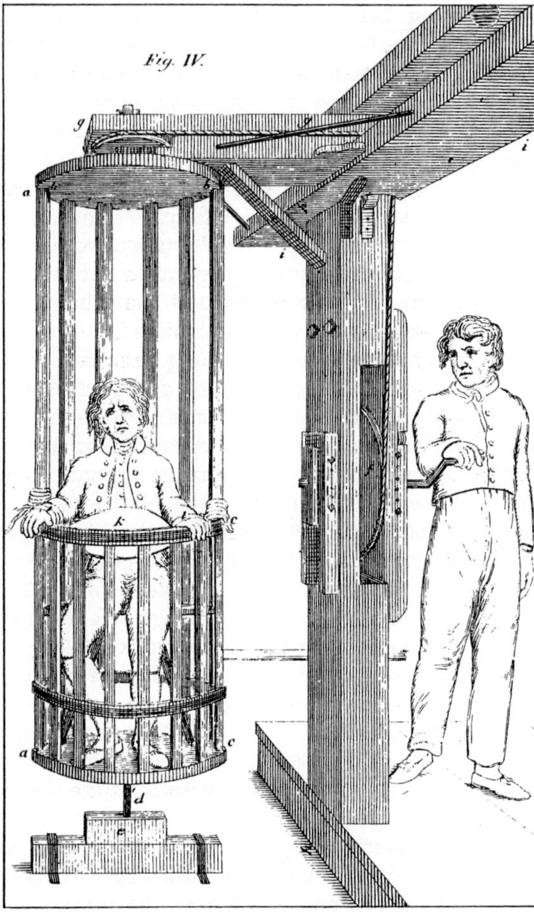

Eine in der Irrenanstalt des Königlichen Charitékrankenhauses zu Berlin gebräuchliche Rotationsmaschine, mit deren Hilfe man hoffte, Geisteskranke zu heilen.

thanael, der sonst seiner schon früh angelobten Clara anmutige Gedichtlein zum geselligen Zeitvertreib vorträgt, während sie strickt und stickt und aus dem Fenster guckt, wird plötzlich von dunklen Ahnungen und grässlichen Träumen überwältigt. Der brave Mann, dessen Lebensweg an der Seite Claras schon so deutlich vorgezeichnet scheint, entwischt dem bürgerlichen Programm in leidenschaftliche und falsche Liebe zu einer Puppe und verfällt schließlich dem Wahnsinn. Als die Familienharmonie wiederhergestellt und der verlorene Sohn eingefangen scheint, kommt es zu einem zweiten, noch bösartigeren Ausbruch: Nathanael wird beinahe zum wahnsinnigen Mörder von Clara. Die Idylle der Wohlanständigkeit und der gesicherten Verhältnisse trügt. Im Bürger tun sich Abgründe auf – und man kann argwöhnen, dass diese Abgründe spezifisch mit der bürgerlichen Lebensführung zu tun haben. Ob nicht das extreme Sichruhigstellen und die Selbstentäußerung an die Gebote und Regeln der Außenwelt, das Verdrängen der Triebregungen, um unauffällig und klein zu bleiben, zu einer künstlichen Identität führen, die manchem wie Nathanael schon den Blick dafür verwirren kann, was Natur und was Maschine ist? Auch mag es nicht verwundern, dass diese Domestizierung[1] des eigenen Lebens bei einigen umschlägt in verzweifelte Ohnmachtsgefühle und eine allseitig reduzierte Persönlichkeit hervorbringt, derer man am Ende durch Selbstvernichtung ledig wird. Unter diesem Aspekt gesehen, zeigt die Erzählung *Der Sandmann*, wie die Selbstbeschränkung eines Menschen auf seine Familienrolle, seine Familienperson, wie die Überanpassung an die bürgerlichen Vorschriften der Selbstentwertung, der Ein- und Unterordnung zerstörerische und selbstzerstörerische Konsequenzen bergen. Dabei sind weitere Aussichten verrannt: Der Bürger Nathanael, dem es nicht vergönnt ist, sich als nützliches Mitglied der Familie und Gesellschaft zu erweisen, wird darüber zum irrsinnigen Narren und beinahe zum tollwütigen Mörder. Ein Drittes scheint es für ihn nicht zu geben, sodass er wie das Opfer eines ‚Systems' wirkt, auf das er selbst in der Abweichung fixiert bleibt, dem er nicht zu entrinnen vermag.

Thomas Koebner: E. T. A. Hoffmann: Der Sandmann (1816), in: Interpretationen: Erzählungen und Novellen des 19. Jahrhunderts. Bd. 1. Stuttgart: Reclam, 1988, S. 275–279

1 Zähmung, hier: Einschränkung

5. Zur Rezeption und Kritik der Romantik

Zu kaum einer anderen Epoche deutscher Literatur gibt es ein dermaßen breites Spektrum an unterschiedlichen Meinungen und (Vor-)Urteilen wie zur Romantik. Was die einen für „kitschig", aber harmlos halten, ist für radikalere Kritiker reaktionär, konservativ, ja selbst nationalsozialistisch. Die lange Zeit überwiegend negative Kritik an der Epoche wird mittlerweile durch eine differenziertere Sicht abgelöst: Romantisches Denken, romantische Literatur gelten als Wegweiser in eine das Individuum freisetzende Moderne. Das Leiden der Romantiker an ihrer prosaischen Lebensrealität, an der Dominanz „instrumenteller Vernunft" (Herbert Marcuse) meint bis heute die Heimat- und Hilflosigkeit, die Einsamkeit des Menschen in der Moderne.

Johann Wolfgang von Goethe: Urteil über die Romantik

„Das Romantische ist kein Natürliches, Ursprüngliches, sondern ein Gemachtes, ein Gesuchtes, Gesteigertes, Übertriebenes, Bizarres, bis ins Fratzenhafte und Karikaturartige. Kommt vor wie ein Redoutenwesen[1], eine Maskerade, grelle Lichterbeleuchtung. Ist humoristisch [...] oder wird es augenblicklich, sobald der Verstand sich daran macht, sonst ist es absurd und fantastisch. [...] Das antike Magische und Zauberische hat Stil, das moderne nicht. Das antike Magische ist Natur, menschlich betrachtet, das moderne dagegen ein bloß Gedachtes, Fantastisches. Das Antike ist nüchtern, modest, gemäßigt, das Moderne ganz zügellos, betrunken. Das Antike erscheint nur ein idealisiertes Reales, ein mit Großheit (Stil) und Geschmack behandeltes Reales; das Romantische ein Unwirkliches, Unmögliches, dem durch die Fantasie nur ein Schein des Wirklichen gegeben wird. Das Antike ist plastisch, wahr und reell; das Romantische täuschend wie die Bilder einer Zauberlaterne, wie ein prismatisches Farbenbild, wie die atmosphärischen

[1] Maskenballwesen (österr., sonst veraltet)

Farben. Nämlich eine ganz gemeine Unterlage erhält durch die romantische Behandlung einen seltsamen wunderbaren Anstrich, wo der Anstrich eben alles ist und die Unterlage nichts. Das Romantische grenzt ans Komische. [...] Die sogenannte romantische Poesie zieht besonders unsere jungen Leute an, weil sie der Willkür, der Sinnlichkeit, dem Hange nach Ungebundenheit, kurz der Neigung der Jugend schmeichelt. [...]"

Johann Wolfgang von Goethe. Gedenkausgabe der Werke, Briefe und Gespräche. Herausgegeben von Ernst Beutler. Band 22: Goethes Gespräche I. Zürich: Artemis. 2. Aufl. 1964, S. 500 f.

Johann Wolfgang von Goethe: Über E.T.A. Hoffmann, die „Nachtstücke" und den „Sandmann"

Es ist unmöglich, Märchen dieser Art irgendeiner Kritik zu unterwerfen; es sind nicht die Gesichte eines poetischen Geistes, sie haben kaum so viel scheinbaren Gehalt, als die Verrücktheiten eines Mondsüchtigen allenfalls zugestanden wurde; es sind fieberhafte Träume eines leicht beweglichen kranken Gehirns, denen wir, wenn sie uns gleich durch ihr Wunderliches manchmal aufregen oder durch ihr Seltsames überraschen, niemals mehr als eine augenblickliche Aufmerksamkeit widmen können. Fürwahr, die Begeisterungen Hoffmanns gleichen oft den Einbildungen, die ein unmäßiger Gebrauch des Opiums hervorbringt und welche mehr den Beistand des Arztes als des Kritikers fordern möchten. Und wenn wir auch anerkennen, dass der Autor, wenn er seiner Einbildungskraft ernster geboten hätte, ein Schriftsteller der ersten Bedeutung geworden wäre, so dürfte er doch, indem er dem kranken Zustand seines zerrütteten Wesens nachhängt, jener grenzenlosen Lebhaftigkeit der Gedanken und Auffassungen als anheimgegeben erscheinen [...]. Blutentleerungen und sonstige Reinigungen, verbunden mit gesunder Philosophie und überlegter Beobachtung, würden unsern Hoffmann wie jenen bedeutenden Schriftsteller zu einem gesunden Geisteszustand wieder zurückgebracht haben, und seine Einbildungskraft, in einem gleichen und stetigen Flug sich bewegend, hätte vielleicht das höchste Ziel poetischer Kunst erreicht. Seine Werke jedoch, wie sie gegenwärtig liegen, dürften nicht als Muster der Nachahmung aufzustellen sein, vielmehr als Warnungstafeln, die uns anschaulich machen, wie die fruchtbarste Einbildungskraft erschöpft werden kann durch einen leichtsinnigen Verschwendungstrieb des Besitzers [...] Welcher treue, für Nationalbildung besorgte Teilnehmer hat nicht mit Trauer gesehen, dass die krankhaften Werke des leidenden Mannes lange Jahre in Deutschland wirksam gewesen und solche Verirrungen als bedeutend-fördernde Neuigkeiten gesunden Gemütern eingeimpft worden.

Aus: Weimarer Ausgabe von Goethes Werken. Band 42. I. Weimar: Böhlau. 1904, S. 86–88

Arnold Hauser: Romantik als übersteigerter Subjektivismus

Die meisten von ihnen [d. i. die Romantiker, Anm. d. Verf.] sahen sich aber zur vollkommenen Wirkungslosigkeit verurteilt und fühlten sich durchaus überflüssig. Sie nahmen ihre Zuflucht zur Vergangenheit, die sie zum Erfüllungsort all ihrer Wünsche und Träume machten und aus der sie jede Spannung von Idee und Wirklichkeit, Ich und die Welt, Individuum und Gesellschaft ausschalteten. „In der Qual der Erde wurzelt die Romantik und so wird man ein Volk um-so romantischer und elegischer[1] finden, je unseliger sein Zustand ist“, sagt ein liberaler Kritiker der deutschen Romantik [Arnold Ruge, Anm. d. Verf.]. Die Deutschen waren wohl das unseligste Volk in Europa: Bald nach der Revolution fühlte sich aber kein Volk des Abendlandes – oder wenigstens keine Intelligenz eines Volkes – mehr geborgen und sicher im eigenen Lande. Das Gefühl der Heimatlosigkeit und der Vereinsamung wurde zum entscheidenden Erlebnis der neuen Generation; ihre ganze Weltanschauung war und blieb davon unabhängig. Es nahm unzählige Formen an und fand seinen Ausdruck in einer Reihe von

[1] voll Wehmut, Schwermut

Fluchtversuchen, von welchen die Wendung zur Vergangenheit nur die ausgeprägteste war. Die Flucht in die Utopie und das Märchen, das Unbewusste und Imaginäre, das Unheimliche und Geheimnisvolle, zur Kindheit und zur Natur, in den Traum und den Wahnsinn waren lauter solche verschleierten und mehr oder minder sublimierten[1] Formen desselben Gefühls, derselben Sehnsucht nach Unverantwortlichkeit und Leidlosigkeit – Fluchtversuche in jenes Chaos und jene Anarchie, gegen die der Klassizismus des 17. und 18. Jahrhunderts bald mit Ingrimm und Besorgnis, bald mit Geist und Grazie, doch stets mit der gleichen Entschiedenheit kämpfte. […]
Sooft die Romantiker die Eigenart ihres Kunst- und Weltgefühls beschreiben, schleicht sich das Wort Heimweh oder die Idee der Heimatlosigkeit in ihre Sätze ein. Novalis definiert die Philosophie als „Heimweh", als den „Trieb, überall zu Hause zu sein", und das Märchen als einen Traum „von jener heimatlichen Welt, die überall und nirgends ist". Er rühmt an Schiller „das nicht auf Erden Heimische" und Schiller nennt die Romantiker seinerseits „Verbannte, die nach der Heimat schmachten". Darum ist bei ihnen so viel vom Wandern die Rede, vom Wandern ohne Ziel und Ende, von der „blauen Blume", die unerreichbar ist und unerreichbar bleiben soll, der Einsamkeit, die man sucht und meidet, der Unendlichkeit, die nichts und alles ist.

Aus: Arnold Hauser: Romantik als übersteigerter Subjektivismus. In: Ders.: Sozialgeschichte der Kunst und Literatur, München: Beck Verlag 1972, S. 694f.

Wulf Segebrecht: Klassik und Romantik

[…] Während die Klassiker die Paradigmata[2] ihrer Geschichtskonzeption überwiegend der antiken und europäischen Geschichte entnahmen […], versenkten sich die Romantiker mit geradezu wissenschaftlicher Leidenschaft in die „altdeutsche Zeit", ins Mittelalter. Arnim beugt sich

1 sublimieren: einen (verdrängten, unbefriedigten Geschlechts-)Trieb in kulturelle Leistungen umsetzen
2 Paradigma: Beispiel, Denkmuster

über alte Folianten[1] in den Bibliotheken von Göttingen und Heidelberg, Clemens Brentano sammelt seltene Flugblätter und Bücher, die Brüder Grimm fördern deutsche Märchen, Sagen und Mythen zutage, Tieck gibt altdeutsche Theaterstücke und mittelalterliche Minnelieder heraus, Joseph Görres die Volksbücher, August Wilhelm Schlegel begeistert sich für das Nibelungenlied, andere für die Versepen des Mittelalters. Sie alle stehen entzückt vor verfallenen Schlössern und Burgruinen und träumen von den vergangenen Zeiten der Ritter und Sänger. Die sehnsuchtsvolle Rückwendung in die Vergangenheit ist allen Romantikern gemeinsam, ja die Romantik nimmt recht eigentlich hier ihren Ausgangspunkt.

Dennoch: Die Besinnung auf „altdeutsche" Traditionen, die Aneignung des „kulturellen Erbes" und ihr praktischer Gebrauch sowie die produktive Erneuerung des Überlieferten – das alles war nicht nur ästhetisch, sondern auch politisch gemeint, wenigstens in dem Sinne, dass ein Primat[2] des Ästhetischen vor dem Politischen behauptet wurde. Das Eintauchen in die Geschichte hatte den Sinn, diejenigen Kräfte zu mobilisieren, mit deren Hilfe eine Überwindung der dissoziierten[3] Verhältnisse, eine auch politische „Erneuerung", eine (auch nationale) „Einheit" überhaupt erst möglich erschien. [...]

Die Ursachen für die Depravation[4] des gesellschaftlichen und individuellen Zustands wurden auch von den Romantikern in der von einer pervertierten, nämlich nur noch am Nutzen orientierten Aufklärung verschuldeten Erneuerungsunfähigkeit gesehen, in der Vernachlässigung der menschlichen Fähigkeiten der Fantasie, der Begeisterungsbereitschaft, des gesamten Bereichs der Psyche, des Glaubens. Über einer nur zweckgerichteten rationalistischen Aufklärung, so meinten sie, wurde versäumt, den Menschen, die Natur, die Gesellschaft noch als Ganzheiten zu begreifen, mit Tag- und Nachtseiten behaftet, mit notwendigen

---

1 altes, großformatiges Buch
2 der Primat: Vorrang
3 zerfallenen, aufgelösten
4 Verschlechterung, Entartung

Widersprüchen und Konflikten, mit Träumen und Hoffnungen, mit Geschichte und Zukunft.
In der Intensität und in der Methode des Suchens nach einer höchsten Totalität, im Kult des Universalierens freilich waren die Romantiker weit radikaler als die Klassiker. Sie unterwarfen die Wissenschaften (die Physik, Chemie, Medizin, Psychologie, aber auch die Philologien), in denen sie weit mehr als nur oberflächlich bewandert waren, und die Künste, die Geschichte und die Zeitgeschichte, Religion und Kirche ihrem uneingeschränkten Poetisierungsprogramm […] und verabsolutierten sie so zu höchsten symbolischen Einheiten: In der Poesie und nirgends als dort sollte das wiederzufindende Paradies verlockend zur Erscheinung kommen […]"

Aus: Wulf Segebrecht: Klassik und Romantik. In: Ders. (Hg.): Klassik und Romantik. Gedichte und Interpretationen. Band 3. Stuttgart: Reclam 1994, S. 18f.

6. Ein Problem kritisch erörtern

In Hoffmanns Erzählung „Der Sandmann“ werden die einzelnen Figuren nicht nur aus einer Perspektive dargestellt und beschrieben, sondern aus mehreren. Nimmt man beispielsweise allein die Informationen über Clara, die der Leser durch Hoffmanns Protagonisten Nathanael in Erfahrung bringt, so ergibt sich ein einseitig-negatives Bild. Auch aus diesem Grund hat Hoffmanns Erzählung mehrere Erzählinstanzen, die für ein widersprüchliches, problemhaltiges Bild im Auge des Lesers sorgen. Das entstandene Problem der Beurteilung der Figur können Sie wie folgt bearbeiten: Bei der Erstellung einer Personencharakterisierung können Sie einerseits textimmanent vorgehen. D.h., dass die Informationen, die Ihnen hierfür zur Verfügung stehen, ausschließlich dem Ausgangstext „Der Sandmann“ entstammen. Dieses Vorgehen ist legitim und wichtig. Es ist jedoch genauso gerechtfertigt, sich mit den oftmals unterschiedlichen Sichtweisen anderer Menschen oder Wissenschaftler auseinanderzusetzen, da wir so lernen, die Dinge aus einem anderen Blickwinkel zu betrachten, und unseren Erfahrungshorizont entsprechend erweitern können. Bei der Einschätzung der Clara in Hoffmanns Erzählung ist das nicht anders. Beide Vorgehensweisen sollen Sie im Folgenden anwenden.

Voraussetzung: Eine Charakterisierung verfassen

Um eine kritische Erörterung über unterschiedliche Einschätzungen Claras zu verfassen, ist es vorab notwendig, dass Sie sich über Ihre **eigene Position** klar werden. Dabei ist die **Charakterisierung einer literarischen Figur** das Ergebnis einer genauen Beschreibung und Deutung der Textvorlage. Folgende Teilgesichtspunkte können dabei berücksichtigt werden:

- Welche Bedeutung hat die Figur für das Geschehen?

- Welche Aussagen werden über die äußere Erscheinung, über Alter, Beruf und soziale Stellung getroffen?

- Welche für die zu charakterisierende Person typischen Eigenschaften, Gewohnheiten und Verhaltensweisen werden im Text deutlich?

- Wie wird die Person von anderen literarischen Figuren eingeschätzt?

- Welche Beziehung besteht zwischen der zu charakterisierenden Person und anderen Handlungsträgern des Textes? Nimmt die Person in besonderer Weise Einfluss auf die Lebensgestaltung anderer Personen oder wird sie gar von anderen Figuren beeinflusst?

- Zeigt der Text Veränderungen, Entwicklungen etwa im Äußeren oder auch in den Wesenszügen der Person auf?

Aussagen zur Charakterisierung einer literarischen Figur stellen vielfach Deutungen dar, die durch den Text belegt werden müssen. Das gilt auch für die Kennzeichnung von äußeren Merkmalen, die auf größere Zusammenhänge verweisen. Wichtig ist es deshalb, mit Zitaten zu arbeiten und sprachliche Besonderheiten zu benennen. Zu diesen gehören beispielsweise besondere Sprechweisen, Gesten usw., die vom Autor hervorgehoben werden. Wichtig ist, dass bei der Darstellung nicht so sehr der Inhalt der Textvorlage im Mittelpunkt steht, sondern die tatsächliche Charakterisierung der Figur.

Folgende **Arbeitsschritte** bieten sich für die Erstellung einer Charakterisierung an:

- **Markieren** Sie zunächst entsprechende Stellen im Text und versehen Sie diese mit Stichworten am Rand. Markieren Sie sparsam.

- Sichten Sie anschließend das Material, indem z.B. die obigen Fragen **stichpunktartig** beantwortet werden.

- Legen Sie im nächsten Schritt den **Aufbau** der Charakterisierung fest und überprüfen Sie dessen Schlüssigkeit. Bauen z.B. die einzelnen Abschnitte in logischer Weise aufeinander auf?

Nun erfolgt das Verfassen der Charakterisierung. Gliedern Sie den Text auch äußerlich durch Absätze und gestalten Sie ihn somit leserfreundlich.

Achten Sie beim Verfassen der Charakterisierung auf den Dreischritt „Behauptung", „Argument" und „Beleg". Zunächst stellen Sie „Behauptungen" auf. Diese müssen Sie mithilfe passender Argumente begründen, damit deutlich wird, warum der Verfasser dieser und keiner anderen Meinung ist. Ein „Argument" ist also eine Begründung, sodass die aufgestellte Behauptung für den Leser nachvollziehbar wird. Um die Argumente zu stützen, sollten „Belege/Beispiele" (Zitate, genaue Verweise auf den Text) angeführt werden. Insgesamt wird dabei also versucht, sachlich und logisch zusammenhängend zu diskutieren. Bauen Sie die ausgesuchten Zitate sinnvoll und in logischem Zusammenhang in die Argumentation ein. Zitate müssen dabei belegt werden, indem Seitenzahl und ggf. Zeilennummer(n) angegeben werden.

Ein Problem kritisch erörtern

Im Folgenden wird Ihre eigene Einschätzung der Clara um die zweier Literaturwissenschaftler erweitert. Lesen Sie die beiden folgenden Textauszüge sorgfältig.

- **Markieren** Sie wesentliche Aussagen nach Möglichkeit mit unterschiedlichen Farben oder unterschiedlichen Unterstreichungen (durchgezogene Linie, Wellenlinie, gestrichelte Linie ...). Unterscheiden Sie hier nach Möglichkeit zwischen „Behauptung", „Argument" und „Beleg".

- Es könnte hilfreich sein, am Ende des jeweiligen Textauszuges – *nach* Sichtung Ihrer Markierungen – die wesentliche Einschätzung des Autors zur Person der Clara für sich *in einem Satz* zu formulieren. So zwingen Sie sich selbst zur äußersten Verdichtung bzw. Zusammenfassung der Aussagen, deren Kern so deutlicher wird.

- Die Problematik der unterschiedlichen Einschätzungen der Clara sollten Sie nun **kritisch erörtern**. Sichten Sie dabei nochmals Ihre eigenen Argumente und Einschätzungen und vergleichen Sie diese mit den Aussagen der beiden Textausschnitte. (Hier könnte Ihnen das Anfertigen einer

Tabelle hilfreich sein. Stellen Sie dabei Ihre eigenen Einschätzungen denen der Autoren gegenüber. Auf diese Weise fallen Ihnen Gemeinsamkeiten bzw. Unterschiede leichter ins Auge.)

- Machen Sie sich, bevor Sie eine kritische Erörterung verfassen, die unten aufgeführten **vier Grundtypen der kritischen Texterörterung** (S. 85–86) klar.
- Ordnen Sie Ihre eigene Position vor Verfassen des zu entwerfenden Textes einem der vier Modelle zu. Gliedern Sie im Anschluss Ihre Erörterung in **Einleitung, Hauptteil** und **Schluss**. Stellen Sie anfangs kurz das Problem der unterschiedlichen Einschätzungen der Figur Clara dar, ohne in die eigentliche Diskussion einzusteigen. Erörtern Sie im Hauptteil intensiv die jeweiligen Interpretationsansätze und gewichten Sie diese abwägend. Setzen Sie sich an dieser Stelle konkret (Zitate) und differenziert-einschränkend mit den einzelnen Aussagen auseinander. Vermeiden Sie Pauschalurteile. Fassen Sie im Schlussteil die Ergebnisse Ihrer Diskussion kurz zusammen und stellen Sie Ihre eigene Position in dieser Frage abschließend heraus.

Jochen Schmidt: Zum Verhältnis von Leben und Poesie

Hoffmann hat das Missverständnis, Clara sei eine Vertreterin eines einseitigen Rationalismus, Realismus oder gar einer trivialen Bürgerlichkeit, mit außerordentlichem Aufwand auszuschließen versucht, unverkennbar deshalb, weil dieses romantische Klischee, das auch in so manchem seiner eigenen Werke Verwendung findet, im allgemeinen Bewusstsein des zeitgenössischen Lesers so fixiert war, dass es ausgeschlossen werden *musste*. Auktorial stellt der Erzähler fest: ‚Clara hatte die lebenskräftige Fantasie des heitern, unbefangenen, kindischen Kindes, ein tiefes weiblich zartes Gemüt, einen gar hellen scharf sichtenden Verstand.' Sie verkörpert demnach gerade nicht ein einseitig verstandesmäßiges und realitätsfixiertes, sondern ein integrales

Menschentum, zu dem auch die poetischen Qualitäten gehören: ‚Fantasie' und ‚Gemüt'. Nur die einseitigen, im pejorativen[1] Sinn ‚romantischen' Gesellen lehnt sie ab: ‚Die Nebler und Schwebler hatten bei ihr böses Spiel.' ‚Clara', so heißt es weiter, ‚wurde deshalb von vielen *kalt, gefühllos, prosaisch* gescholten; aber andere, die das Leben in klarer Tiefe aufgefasst, liebten ungemein das gemütvolle, verständige, kindliche Mädchen.' Diese Feststellungen haben deutlich präventiven Charakter im Hinblick auf mögliche Missverständnisse, die aus dem romantischen Klischee Kunst contra Philistertum[2] resultieren könnten. Denn Nathanael in seiner zunehmend ‚romantischen' Verwilderung bemängelt schon bald an Clara das ‚Kalte' und ‚Prosaische', das hier ausdrücklich als Fehlmeinung charakterisiert wird: ‚Sein Verdruss über Claras kaltes prosaisches Gemüt stieg ...[…]
Was in dieser Erzählung als Geschichte einer Liebe und einer inneren Entfremdung erscheint, ist demnach vor allem die Figuration[3] eines prekären und schließlich misslingenden Ausgleichsversuchs zwischen ‚Verstand' und ‚Fantasie', zwischen Leben und Poesie. In Claras Wesen ist dieser Ausgleich a priori stabilisiert, obwohl es für ihre durchaus sensible Art spricht, dass sie sich von Nathanaels Anfangsbericht sympathetisch erschüttern lässt. Nathanael hat den Ausgleich nur eine Zeit lang verwirklichen können; ein stabiler Ausgleich wäre die Basis eines dauerhaften Bündnisses zwischen ihm und Clara gewesen. Aber er gleitet unaufhaltsam in den Wahnsinn des Subjektivismus. Der Prozess dieses Hinabgleitens und des ihn unterbrechenden periodischen Stabilisierungs- und Ausgleichsbemühens ergibt den Duktus[4] der gesamten Erzählung. […]

Jochen Schmidt: In. Ders.: Die Geschichte des Genie-Gedankens in der deutschen Literatur, Philosophie und Politik 1750–1945. Bd. 2: Von der Romantik bis zum Ende des dritten Reiches. Darmstadt: Wissenschaftliche Buchgesellschaft, 1988, S. 25–27

[1] negativ, abwertend
[2] spießbürgerliches Verhalten
[3] Darstellung (durch eine Konstellation von Figuren)
[4] Verlauf (die Linienführung)

Charles Hayes: Das typische Bürgermädchen

„Clara hat sich den bürgerlichen Verhältnissen völlig angepasst. Sie wünscht sich eine Welt ohne Überraschungen. Ihre Worte und Handlungen bezeugen alle ihren gesunden Menschenverstand, ihr gesittetes Leben wird durch die Macht positiven Denkens reguliert. Ihr kluger Rat an Nathanael, der das Opfer schrecklicher Halluzinationen zu sein scheint, kulminiert in der Ermahnung: ‚Sei heiter – heiter!‘

In der Erkenntnis, dass er die Gewalt über die Realität zu verlieren beginnt und von den frevelhaften Einflüssen, die ihr heiteres Zusammenleben gefährden, gerettet werden muss, übernimmt sie die Rolle des ‚Schutzgeistes‘, erklärt: ‚ganz und gar nicht fürchte‘ sie sich vor den ‚garstigen Fäusten‘ des angeblichen Sandmanns und verspricht, ihn ‚mit lautem Lachen fortzubannen‘. [...] Ihre einzigen negativen Gedanken betreffen das negative Prinzip selbst, das ihr in den Ausgeburten von Nathanaels Fantasie entgegentritt: seine Dichtungen, die ihren Haushalt zu stören und ihren Kaffee zu verderben drohen [...], sowie der Sandmann selbst, die verkörperte Unordnung, der ein friedliches Leben unmöglich macht. Aber Nathanael weigert sich eigensinnig, glücklich zu werden. In der Mitte der Erzählung bricht ihre Beziehung fast auseinander. Er wird von ihrer Kälte, sie von seiner Mystik abgestoßen: ‚so entfernten beide im Innern sich immer mehr voneinander, ohne es selbst zu bemerken.‘ [...] Es kommt zum offenen Bruch, als Nathanael ihr ‚untreu‘ wird und Olimpia umwirbt, die er für Claras Gegenteil hält: ein poetisches Gemüt. [...]

Nahezu jede von Claras Eigenschaften findet in der hölzernen Marionette eine konkrete Entsprechung. Olimpia verfügt über ein Vokabular von nur einem Wort und scheint sich durch den Glanz ihrer Augen auszudrücken; auch von Clara heißt es, dass sie eine ‚schweigsame Natur‘ hat und dass sie sich ebenso beredt durch ihren ‚hellen Blick‘ mitteilt wie im mündlichen Gespräch [...]. Die Beschreibung der physischen Erscheinung der beiden ist ebenfalls ähnlich. Olimpias künstliche Ausmaße sind streng symmetrisch: Sie ist ‚im reinsten Ebenmaß‘ gewachsen [...]; ihr ‚Wuchs‘ und

‚Gesicht' sind ‚regelmäßig' […]. Claras Gesicht ist ebenso plastisch: Man bemerkt ‚die reinen Verhältnisse ihres ‚Wuchses', und ‚Nacken, Schultern und Brust' waren ‚beinahe zu keusch geformt' […], als wären sie auch in einem Laboratorium zusammengeleimt worden. […]
[So] erweist sich Clara als Olimpias ‚Blutsverwandte' oder, genauer, als ihre Doppelgängerin: Wenn Nathanael Olimpia den Hof macht, so ist dies eine Wiederholung seiner Beziehung zu Clara. Die dualistische[1] Perspektive, charakteristisch für eine Anzahl von Hoffmanns Geschichten, lässt Olimpia einmal als wirkliche Marionette erscheinen und außerdem als wiedererstandene Clara. Nathanael engagiert sich mit zwei Frauen, die nichtsdestoweniger dieselbe Person sind. Hoffmann zeichnet Clara, das typische Bürgermädchen, als lächerliche Puppe, als völlig geistlosen, leblosen Gegenstand. Dabei ist es jedoch nicht Clara selbst, als Individuum, die verspottet wird, sondern das in ihr verkörperte bürgerliche Prinzip, das ihren Charakter verstümmelt und jede spontane Lebensäußerung unterdrückt hat. Die bürgerliche Ordnungsliebe macht ihr Unmenschliches, Puppenmäßiges aus. Claras Leben wie das von allen Bürgerinnen bei Hoffmann entfaltet sich gleich einem mechanischen Prozess, der, durch Triebverdrängung und ‚positives' Denken gefördert, unwiderstehlich zu Ehe und Mutterglück hinführt."

Charles Hayes: Fantasie und Wirklichkeit im Werke E.T.A. Hoffmanns. Mit einer Interpretation der Erzählung „Der Sandmann". In: Klaus Peter u.-a.: Ideologiekritische Studien zur Literatur. Frankfurt am Main: Athenäum Verlag. 1972, S. 187, 188–190, 191

[1] zwiespältig, zweiheitlich

Heinrich Biermann, Bernd Schurf: Die vier Grundtypen der kritischen Texterörterung

Modell I: Begründeter Widerspruch

In einem Text niedergelegte Positionen und eigene Ansichten decken sich nicht. Sie sind völlig anderer Meinung als der Autor/die Autorin. Es fällt Ihnen vermutlich nicht schwer, die Thesen des Autors/der Autorin zu entkräften. In kritischer Distanzierung von der Position des Autors/der Autorin können Sie Ihren Widerspruch begründen und eine eigene Meinung dagegensetzen. Diese Konstellation ergibt sich allerdings nur selten. Mögliche Denkoperationen:

- Die Stichhaltigkeit einer These durch **Gegenargumente** und/oder **Gegenbeispiele** in Zweifel ziehen, z. B. die Gegenposition eines anderen Autors referieren oder eigene Erfahrungen dagegenhalten
- Vorgetragene **Argumente entkräften**, z. B. die Geltung der ihnen zugrunde liegenden Norm anzweifeln oder die behaupteten Tatsachen kritisch prüfen
- Die **Schlüssigkeit des Begründungsverfahrens prüfen**, also den behaupteten Zusammenhang zwischen These und zugehörigen Argumenten/Beispielen logisch überprüfen und in Zweifel ziehen; z. B. den Schluss von einem Einzelfall auf eine Aussage mit allgemeinem Anspruch als logisch nicht zureichend problematisieren
- Eine These grundsätzlich akzeptieren, aber ihre **Geltung eingrenzen**, indem der Sachverhalt zergliedert und differenziert wird („Das-kommt-darauf-an"-Methode)
- Die **Prämissen** von Aussagen des Autors/der Autorin aufdecken (weltanschauliche Grundlagen, wissenschaftliche Denkschule, persönliche Interessenlage) und so den Text kritisch einordnen

Modell II: Teilweise Übereinstimmung

Häufiger kommt es vor, dass Sie mit einigen, vielleicht sogar mit zentralen Positionen des Autors/der Autorin übereinstimmen. Andererseits gibt es aber auch Positionen, denen

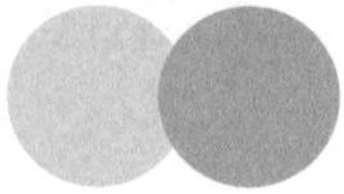

Sie widersprechen möchten. Die Denkoperationen, die hier möglich sind, stellen eine Mischung aus Modell I und III dar.

Modell III: Begründete Zustimmung

Sie sehen keine oder kaum Ansatzpunkte für eine Gegenargumentation. In diesem Fall fällt Ihnen eine kritische Auseinandersetzung mit dem Text am schwersten. Sie können immerhin die folgenden Denkoperationen durchführen:

- Mit **eigenen Erkenntnissen und Erfahrungen** Thesen des Autors/der Autorin weiter abstützen
- Mögliche **Gegenpositionen** zu Thesen des Autors/der Autorin, auch wenn sie im Text eventuell gar nicht thematisiert sind, **entkräften**
- Die logische Schlüssigkeit der vom Autor/von der Autorin entwickelten Position durch eine **persönliche Rekonstruktion der Hauptgedanken** nachweisen

Modell IV: Weiterführende Problematisierung

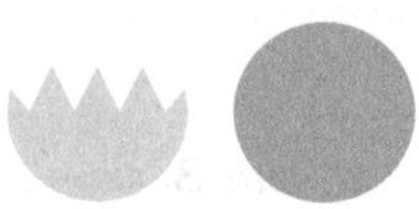

Diese Reaktion auf einen Text setzt voraus, dass Sie sich in einem Sachgebiet ziemlich gut auskennen. Sie entscheiden sich dazu, den diskutierten Sachverhalt in einen größeren Zusammenhang einzuordnen, als der Autor/die Autorin dies getan hat. Dabei weiten Sie den Blick oder heben die Fragestellung, mit der sich ein Text beschäftigt, auf eine neue Ebene. Dieses Verfahren ist anspruchsvoll. Mögliche Denkoperationen:

- **Zusätzliche Aspekte** zur Sprache bringen, welche die vom Autor/von der Autorin gewählte Problemstellung eigentlich mitbeinhalten müsste, zu denen er/sie aber nicht Stellung genommen hat
- Vom Autor/von der Autorin nicht gesehene **Konsequenzen** seiner/ihrer Position darstellen

Aus: Heinrich Biermann/Bernd Schurf (Hg.): Texte, Themen und Strukturen. Deutschbuch für die Oberstufe. Berlin: Cornelsen 1999, S. 498–499

7. Einen Text beschreiben und deuten (analysieren)

Vorarbeiten

Lesen Sie den folgenden Textausschnitt der Erzählung „Der Sandmann“:

- S. 9, Z. 26 („Denke dir-...“) bis S. 12, Z. 29 („...-den wiedergewonnenen Liebling.“)

Markieren Sie alle Auffälligkeiten, z.B. sprachliche Besonderheiten, mögliche Untersuchungsgesichtspunkte, Deutungsansätze, Bezüge zu parallelen Texten. Markieren Sie nach Möglichkeit mit unterschiedlichen Farben oder unterschiedlichen Unterstreichungen (durchgezogene Linie, Wellenlinie, gestrichelte Linie-...).
Schreiben Sie nicht gleich los, sondern legen Sie die Struktur Ihrer Arbeit zunächst in Stichworten fest.

Auswahl einer geeigneten Analysemethode

Texte können auf unterschiedliche Weise analysiert werden. Im Wesentlichen geht es dabei um zwei Methoden:

a) Die Linearanalyse
Der Text wird von oben nach unten bzw. vom Beginn bis zum Ende bearbeitet. Dabei geht man nicht Satz für Satz vor, sondern kennzeichnet zunächst den Aufbau des Textes und bearbeitet (analysiert) die einzelnen Abschnitte nacheinander. Der Vorteil dieser Methode besteht darin, dass ein Text sehr detailliert und genau bearbeitet wird. Vor allem bei kürzeren Texten ist diese Analysemethode zu empfehlen.
Man kann sich jedoch auch im Detail verlieren und die eigentlichen Deutungsschwerpunkte zu sehr in den Hintergrund drängen. Der Zusammenhang gerät leicht aus dem Auge, wenn man zu kleinschrittig vorgeht.

b) Die aspektgeleitete Analyse
Der Schreiber oder die Schreiberin legt vorab bestimmte Untersuchungsaspekte fest und arbeitet diese nacheinan-

der am Text ab. Der Vorteil dieser Methode besteht darin, dass der eigene Text einen klaren Aufbau erhält und der Leser/ die Leserin von Beginn an auf die wesentlichen Untersuchungsaspekte hingewiesen werden kann.
Ein Nachteil kann darin bestehen, dass einige Deutungsaspekte, die als nicht so gewichtig angesehen werden, unter den Tisch fallen. Prinzipiell sollten Sie bei längeren Texten oder Textauszügen die aspektgeleitete Analyse der Linearanalyse vorziehen, da sie mehr Orientierung im Dickicht der einzelnen Details bietet. Dazu bedarf es aber auch erhöhter Konzentration und Fähigkeit zur Fokussierung oder Verdichtung auf den Kern des Problems, den Sie vorab identifizieren müssen. Der Arbeit vor dem eigentlichen Schreiben kommt hier eine besondere Bedeutung zu.

Der Aufbau einer Linearanalyse

1. Einleitung: Autor, Textart, Titel, Erscheinungsjahr; evtl. über den historischen Hintergrund informieren; Ort, Zeit und Personen des zu behandelnden Textes angeben; kurze Inhaltsübersicht darbieten

2. Zusammenfassende Aussagen zum inhaltlichen Aufbau, zu den Textabschnitten (kann auch in den folgenden Teil einfließen)

3. Genaue Beschreibung und Deutung der Textabschnitte
   - Aussage zum Inhalt des jeweiligen Abschnitts
   - Aussagen zur Deutung
   - Aussagen zur sprachlichen Gestaltung als Beleg für die Deutungen
   - Überleitung zum nächsten Textabschnitt

4. Evtl. Erläuterungen zur Textart (kann auch zuvor einfließen)

5. Schlussteil: Zusammenfassung der Analyseergebnisse, Einordnung der Analyseergebnisse in einen größeren Zusammenhang und in den zeitgeschichtlichen Hintergrund (falls nicht im Rahmen der Linearanalyse erfolgt,) persönliche Wertungen-…

Der Aufbau einer aspektgeleiteten Analyse

Die zuvor aufgelisteten Punkte 1., 4. und 5. gelten auch für diese Analysemethode. Es ändern sich jedoch die Punkte 2. und 3.:

2. Kennzeichnung der Aspekte im Überblick, die im Folgenden detailliert am Text untersucht werden sollen.
3. Analyse des Textes entsprechend den zuvor genannten Schwerpunkten
   - Nennen des Untersuchungsaspektes
   - Kennzeichnung des inhaltlichen Zusammenhangs, in dem er relevant ist
   - Aussagen zur Deutung
   - Aussagen zur sprachlichen Gestaltung als Beleg für die Deutungen

Auch das sind wichtige Tipps für eine Textanalyse

- Achten Sie in Texten mit hohen Gesprächsanteilen darauf, wie die Dialogpartner miteinander sprechen, welche Gesten sie vollführen und welche Beziehung sie zueinander verdeutlichen. Berücksichtigen Sie dabei auch Ihnen bekannte Kommunikationsmodelle.
- Belegen Sie Ihre Deutungsaussagen mit dem Wortmaterial des Textes. Verweisen Sie entweder auf sprachliche Besonderheiten oder arbeiten Sie mit Zitaten.
- Verwenden Sie für die Beschreibung des Wortmaterials die entsprechenden Fachausdrücke (Wortarten, Satzglieder, rhetorische Figuren-...).
- Bauen Sie Zitate korrekt in Ihren eigenen Satzbau ein oder arbeiten Sie mit Redeeinleitungen. Vergessen Sie nicht, die Fundstelle anzugeben.
- Schreiben Sie im Zusammenhang. Verlieren Sie den „roten Faden" nicht aus dem Auge. Folgt ein neuer Gesichtspunkt, formulieren Sie nach Möglichkeit eine Überleitung.
- Machen Sie die gedankliche Gliederung Ihres Textes auch äußerlich durch Absätze deutlich.

Bildquellen:

S. 47: Rowohlt Archiv, Reinbek bei Hamburg; S. 53, 55, 57, 61: © AKG, Berlin; S. 68: © Michael Prechtl; S. 70: Aus: Ernst Horn: Zeitschrift für psychiatrische Ärzte, Heft 2, 1818, S. 220